協同組合を学ぶ

編
中川雄一郎・杉本貴志

監修
全労済協会

日本経済評論社

目次

はじめに………………………………………………………………… 1
 (1) 協同組合とは　1
 (2) 今，注目される協同組合　2
 (3) 本書の構成　3

第1章　協同組合運動の誕生と展開……………………杉本貴志　5

 第1節　競争と協同　6
  (1) 自由競争の社会　6
  (2) 産業革命がもたらしたもの　8
  (3) ロバート・オウエンの協同社会論　10
  (4) オウエン派初期協同組合運動　14

 第2節　ロッチデール公正先駆者組合　16
  (1) ロッチデール公正先駆者組合　16
  (2) ロッチデール原則　18
  (3) 協同体建設から店舗経営へ　23

 第3節　協同組合運動の展開　26
  (1) 消費者運動としての協同組合運動　26
  (2) ステークホルダー協同組合論　29
  (3) 協同組合における共益と公益　32

第2章　協同組合のビジョンとアイデンティティの歴史
 ………………………………………………………中川雄一郎　37

第1節　国際協同組合同盟の歴史　　　　　　　　　　　　　　38
　　(1) ICAの創立前史　38
　　(2)「第1回国際協同組合大会」と利潤分配問題　43
　　(3) 協同組合人の葛藤と努力の道程：ロッチデール原則　48
　　(4)「虹の旗」と「国際協同組合デー」　53
　　(5) レイドロー報告からICA声明へ　58

第2節　レイドロー報告の想像力：協同組合の本質　　　　　　64
　　(1) 協同組合の3つの柱：歴史・イデオロギー・経済-社会的機能　64
　　(2) レイドローの協同組合セクター論　66
　　(3) 4つの優先分野への挑戦　70

第3節　シチズンシップと協同組合　　　　　　　　　　　　　74
　　(1) 市民，市民社会そしてシチズンシップ　74
　　(2) シチズンシップと協同組合　79
　　(3) シチズンシップと協同組合の8つの特徴点　80

第3章　日本における協同組合の歴史と理念　………　杉本貴志　87

第1節　戦前の協同組合運動　　　　　　　　　　　　　　　　88
　　(1) 協同組合前史　88
　　(2) 明治期の協同組合思想と産業組合　89
　　(3) 産業組合と消費組合の発展　91
　　(4) 軍国下の協同組合　93

第2節　戦後の協同組合運動　　　　　　　　　　　　　　　　95
　　(1) 敗戦と協同組合運動の再建　96
　　(2) 高度成長期の協同組合　100
　　(3) 低成長下の協同組合　104

第3節　格差社会における協同組合運動　　　　　　　　　　107
　　(1) 超高齢社会・格差社会と協同組合　108

(2) 21世紀の協同組合　111

第4章　日本の共済協同組合の歴史……　秋葉　武／全労済協会　119

第1節　共済前史：戦前から敗戦へ　120
　　(1) 元祖「社会起業家」として　121
　　(2) 「労働運動家」「農民運動家」として　124
　　(3) 「金融×協同組合」への目覚め　126
　　(4) 共済事業へ　126

第2節　敗戦後の社会運動と共済の始まり　129
　　(1) 焦土における社会運動　129
　　(2) 「保険難民」と協同組合共済の始まり　131
　　(3) 労働者共済のはじまり　132
　　(4) 賀川の蒔いた種　133

第3節　共済の定着と発展　134
　　(1) 全労済の定着と発展　134
　　(2) 地域への進出：こくみん共済　135
　　(3) 阪神・淡路大震災の取り組み　136

第4節　共済のあり方の問い直し　137
　　(1) 協同組合共済の「成熟」　137
　　(2) 共済規制の強化　138
　　(3) 東日本大震災と私たち　139

第5章　世界の協同組合　141

第1節　ヨーロッパの協同組合　　大高研道　142
　　(1) ヨーロッパにおける協同組合の影響力　142
　　(2) 消費者の協同組合　143
　　(3) 農民の協同組合　144
　　(4) 労働者の協同組合　146

(5) その他の協同組合　148

　第2節　アメリカ大陸の協同組合　　　　　　　　　杉本貴志　150
　　(1) 南北アメリカ大陸と協同組合　150
　　(2) 協同組合運動の先進国カナダ　151
　　(3) 自由競争の国アメリカと協同組合　153

　第3節　アジア・オセアニアの協同組合　　　　　　秋葉　武　154
　　(1) アジア・オセアニアの協同組合　154
　　(2) 韓国の協同組合　155

　第4節　協同組合保険・共済　　　　　　　　　　　山本　進　158
　　(1) イギリス　159
　　(2) ドイツ　163
　　(3) フランス　164
　　(4) オーストリア　165
　　(5) スウェーデン　166
	(6) アメリカ　167
	(7) 韓国　169
	(8) シンガポール　169

第6章　これからの協同組合に求められること……中川雄一郎　173

　第1節　協同組合の理念，価値そして原則　　　　　　　　　　174
　　(1) 協同組合と民主主義　174
　　(2) 協同組合の定義・価値・原則　178
　　(3) 協同組合とは　183

　第2節　新しい社会づくりにむけて　　　　　　　　　　　　　185
　　(1) 制度・成果・過程の3つのアプローチ　185
　　(2) 協同組合のミッションとはなにか　190
　　(3) アリスメンディアリエタの「協同組合のミッション」　191
　　(4) アマルティア・センの「協同組合のミッション」　193

(5) クォリティ・オブ・ライフ　198
　　(6) 再びアマルティア・センへ　202

資料：年表　206
　　　ICA 加盟団体　222
　　　ICA 原則　224
索引　208

コラム

オウエン以前の協同運動　15
利潤分配論争（1）　39
利潤分配論争（2）　47
モンドラゴン協同組合企業体　72
東日本大震災からの復興と協同組合　116
近代資本主義の申し子　121
甦った天国屋　122
大杉栄と賀川豊彦「ライバルとして盟友として」　125
鈴木善幸と漁協運動「足らざるを憂えず等しからざるを憂う」　128

はじめに

⑴　協同組合とは

　本書は,「協同組合」について書かれた入門書です.

　ところで,「協同組合」とは一体,なにをしているところなのでしょうか.名前を聞いたことがある方は多いと思いますが,株式会社とはどう違うのでしょうか.

　学生の皆さんは,学生食堂で昼食をとるときに生協に加入することを勧められたことはありませんか.また,大学入学時に,大学生協から「総合共済」という案内パンフレットを配られて,ケガで入院したときなどに医療費負担をカバーできるので加入しましょうと勧められたことはありませんか.あるいは,大学内の書店で参考書を買おうとしたとき,大学生協に加入すれば何パーセントかの割引価格で購入できたという経験があるかもしれません.これらは大学生協,つまり大学生や教職員でつくる生活協同組合が行う事業の一部です.

　市民の皆さんは,道を歩いていると「COOP」という看板を掲げたスーパー・マーケットのような建物を目にし,食品や日用品が販売されていることに気づきます.そして,2階に集会所や図書コーナーがあったり,親子の集いが開かれていたり,なにか人々が賑やかに語り合っている様子を見ることがあるかもしれません.これらは購買生協,つまり市民でつくる生活協同組合が行う事業の一部です.

　働く人々にとってはどうでしょうか.職場の同僚や先輩に勧められて手続きをしたところ,家庭にダイレクトメールが届くようになり,見ると物品購入の案内が入っていて,食品や日用品などを安くまとめ買いして配送してもらえた経験があるかもしれません.これらは職域生協,つまり,同じ職場で

働く勤労者でつくる生活協同組合が行う事業の一部です．

　農家の人たちは農業協同組合をつくって，組合員が生産した農産物の販売や，農業生産に必要な飼料・農薬・農業機械の供給，そして農業経営の指導などを行っています．

　漁業に携わる人たちは漁業協同組合をつくって，漁獲物の販売や，操業に必要な燃料・漁具の供給，そして水産資源の管理などを行っています．

　中小企業を経営する人々は，協同組合をつくって，生産や販売の事業について共同事業を行ったり，福利厚生に関する事業を行っています．

　このように，協同組合は私たちの身の回りに数多くあり，様々な事業を行っています．食品や日用品の販売，病院や診療所の経営，生命共済や自動車共済の保障事業，預貯金や融資の業務，農林水産業など，私たちの日常生活の多くの分野で協同組合が事業を展開しています．現在，協同組合の組合数は約36,500，組合員数は，重複も含めて約8,000万と言われています[1]．

　これらの協同組合は，いずれも相互扶助の精神に基づき協同して事業を営んでおり，営利を目的とせず，特定の組合員の利益のみを目的としないという点で共通しています．

　株式会社との違いに着目すると，株式会社が利潤の追求と株主への配当を目的とし，その範囲内でステークホルダーの利害に関心を払うのに対し，協同組合は組合員が出資したお金をもとに，組合員の生活の向上を第一義として組合員を代表する理事を中心に組合員の出資額にかかわらず，1人1票の議決権にもとづき事業を行うという点にその特徴があります．この点については，本書の中で詳しく触れられています．

(2) 今，注目される協同組合

　国連は2012年を国際協同組合年と定め，社会と経済の発展や貧困の根絶に貢献する協同組合の役割を再認識するよう，世界の人々に呼びかけました．そして，協同組合の成長を促進させ，各国による協同組合育成政策を確立するよう，世界の人々に呼びかけました．これを受けて，全世界で2012年に

協同組合の発展のための様々な取り組みが進められます．この本は，こうした取り組みの一環としても編纂されました．

一方，わが国においても，東日本大震災における人々の助け合いの心の広がり，震災からの復旧・復興に向けた取り組みを通じて，地域社会における「新しい公共」や「絆」の重要性が，今ふたたび注目を集めています．協同組合も東日本大震災に際して，被災地を中心に大きな役割を果たしました．組合員やご近所の安否確認，医療支援，支援物資の迅速な供給，1兆円を超える共済金・見舞金の支払いによる被災組合員の生活再建への支援など，組合員や地域住民の生活の中で，協同組合は不可欠の存在であることが示されました．

このような中で，できるだけ多くの人々に協同組合について知っていただきたい，そしてその意義について理解していただきたいという思いから，協同組合のテキストを作成いたしました．執筆は，協同組合研究を行う研究者で分担し，協同組合に働く若手職員や学生など協同組合について学ぼうとする人々に，「協同組合」について，歴史，理念，現状と課題などを体系的に示すことをめざしました．

同時に，既に協同組合で実務に長く携わる人々に対しても，協同組合の歴史や理念を振り返る中で，協同組合原則と日常の実践とのかかわりについて，そして，今後の協同組合経営と運動のあり方について，改めて考える上での視座を提供することをめざしました．

(3) 本書の構成

次に，本書の構成について，触れておきたいと思います．

本書は6つの章と資料編で構成されています．

第1章「協同組合運動の誕生と展開」では，イギリスで誕生した協同組合の組織と運動がどのような背景から生まれ世界に広がったか，その歴史を振り返る中で，協同組合とは何かを考えます．

第2章「協同組合のビジョンとアイデンティティの歴史」では，協同組合

の国際組織である国際協同組合同盟に焦点を当て，協同組合の運営のあり方を定める協同組合原則の策定と改定をめぐる議論を紹介しながら，協同組合のめざす社会を考えます．

第3章「日本における協同組合の歴史と理念」では，世界の協同組合の流れが日本にどのように反映し展開されてきたか，第2次世界大戦をはさんで大きく変化した日本の協同組合の歴史を概観します．

第4章「日本の共済協同組合の歴史」では，様々な事業を行う協同組合の中でも共済事業に焦点を当て，協同組合の父とも称される賀川豊彦を案内役に，今日大きく成長した共済協同組合の歴史を振り返ります．

第5章「世界の協同組合」では，現在世界中で活躍する協同組合が，国ごとに特徴を持って事業と運動を展開している様子を概観し，そこにおける課題や日本への示唆について考えます．

第6章「これからの協同組合に求められること」では，協同組合がこれからの新しい社会を築く上でどのような貢献ができるのか，また，求められているのかという点について，民主主義の理念や協同組合原則に依拠しながら考察を加えます．

最後に資料編では，世界と日本の協同組合に関連する年表を掲載しています．この年表に目を通すだけでも，協同組合の歴史を概観することができるでしょう．

なお，本テキストは各章がそれぞれ関連性を持ちつつも，各章が独立して完結しています．したがって，第1章から順に読むもよし，あるいは，関心を持たれた章から読むもよし，読者の関心に応じた読み方ができます．

いずれにせよ，本書を通じて協同組合が社会に果たす役割についての理解が深まり，国際協同組合年を契機により多くの人々が協同組合に関心を持ち，あるいは協同組合の輪に参加される新たな一歩となれば幸いです．

注
1)「2012国際協同組合年全国実行委員会」調べ．

第1章

協同組合運動の誕生と展開

イギリス協同組合銀行本店とオウエン像

世界にはさまざまな協同組合があります．したがって，そのルーツも多様であるということもできますが，実は協同組合運動には共通の源があるということもできるのです．世界中のほとんどの協同組合が結集する「国際協同組合同盟（ICA）」は，協同組合の基本的な，共通の特徴，特質，理念をあらわすものとして「協同組合原則」を定めていますが，この協同組合原則は，イギリスで19世紀半ばに生まれた「ロッチデール公正先駆者組合」という協同組合の基本的理念，運営哲学を下敷きにして定められたものです[1]．

つまり，いま世界中に存在する多くの協同組合の源は，イギリスにもとめることができるでしょう[2]．人々の協同によって，競争社会とは異なった新しい協同の経済社会をつくろうとしたイギリスの人々の運動が世界中に広がり，今日の協同組合運動となったのです．この章では，イギリスでなぜ協同組合運動が生まれたのか，それがなぜ成功し，世界に広がることができたのか，そして今どのような課題を抱えているのか，考えてみましょう．

第1節　競争と協同

(1) 自由競争の社会

1776年，イギリスとアメリカで，古い社会を変え，新しい社会をつくる2つの出来事がありました．

まずイギリスでは，アダム・スミスというスコットランドの道徳哲学者によって，『国富論』という本が刊行されました．『国富論』は，「自由競争」という考え方を基本として，経済学という学問を最初に体系づけた書物であるといわれます．スミスによって生まれた経済学は，瞬く間に社会科学のチャンピオンとして，世の中を動かし，その社会の正当性を権威づける学問となっていきます．

そして新大陸アメリカでは，今日，圧倒的な力で世界の経済と文化を支配するアメリカ合衆国が独立を宣言します．いうまでもなくアメリカは「自由」を基本理念とする国です．アメリカ的な自由とは，経済の世界では「自

由競争」を意味します．

　つまりアダム・スミスは学問によって，アメリカは実際の国づくりにおいて，古い，封建的な旧社会イギリスの束縛，さまざまな経済的規制を打ち破り，自由競争による豊かな国づくりを追求しました．その秩序が神学や法学によって説明され，基礎づけられていた18世紀の社会は，経済学によって動かされる，アメリカに代表される19～20世紀の自由競争社会へと変わっていくのですが，そのターニングポイントとなったのが，1776年でした．

　それではなぜ，「自由競争」という考え方が受け入れられたのでしょうか．
　自由競争を称揚する経済学は，個人が経済的利益を求めて行動することを肯定します．19世紀以前の宗教や神学では，功利に走り，自らの利益だけを考えて動くようなことは，社会の秩序を乱すことであり，許されないことだと説かれていました．しかし，スミス以来の自由主義経済学は，それはちっとも悪くないというのです．たとえば，パン屋は自らの利益（自分の店の売り上げ増大）だけを考えていればいいのであって，貧しい人のためにはどうすればいいのかなどといったことはパン屋を経営するなかでは考慮する必要がないというのが経済学の考え方です．それでは，パンの売り上げを伸ばすためにはどうすべきでしょうか．それは，できるだけ品質がいいパンを，できるだけ安く売ることです．そうすれば，客はそのパン屋を選んで買うはずです．逆に，目先の利益に目を奪われて，品質を落としたり，高く売りつけようとしたりするパン屋には，客は誰も寄りつかなくなるはずです．競争によって，そういうパン屋は淘汰されるはずであり，もしそうならないとしたら，パン屋間の競争を妨げるような規制があるということでしょう．

　つまり，自由競争を保証する体制だけを用意すれば（競争を妨げるような規制を撤廃すれば），あとはパン屋が自分の利益だけを考えて行動することを許して良いのだ，それが結局は貧しい人の利益（品質が優れたパンを安価で買えるという利益）にも結びつくのだ，と自由競争の経済学は考えるのです．これが，「神の見えざる手」とも呼ばれる「市場メカニズム」の働きです．神様は，個人が利益と欲望を追求することが結果的に社会全体の利益と

なるような巧妙な働きを，われわれの目に見えないところで行ってくださっている，だからわれわれは安心して金儲けに励めばよい．レッセフェール（自由放任）とも呼ばれる，経済学による世の中への提言はこうしたものでした[3]．

「競争こそが富と進歩を生み出す」という自由競争経済学は，さまざまなバリエーション（古典派経済学，新古典派経済学，シカゴ学派，オーストリア学派，ケインズ学派，等々）を生み出しながら，これ以後200年以上，われわれが生活する社会の基本的な考え方として定着していますが，それと並行して，自由競争社会が生み出した深刻な弊害に取り組もうと苦闘する人々ももちろん存在しました．協同組合は，そうした人々によって生み出された運動であり，事業です．

(2) 産業革命がもたらしたもの

アダム・スミスは，競争には勝ち負けがつきものであるから，自由競争の社会には「貧富の格差」が生まれるということも理解していました．それでも彼が競争を基本的に肯定したのは，そうした格差があったとしても，競争によって「全般的富裕」がもたらされた社会では，もっとも貧しい者にも，競争がない社会でもっとも豊かな者が送っている以上の生活が保障される，と考えたからです．肝腎なのは，富の不平等がどの程度なのかではなく，富の絶対的水準だ．競争によって生産力が増大し，豊かな富が社会の最下層にも行き渡るのだから，競争社会は下層の人々にとっても望ましいものなのだ，とスミスは考えたのです．

スミスが生きた時代は，18世紀後半の，「産業革命」という世界史的な事件が社会を大きく変えつつある時代でした．世の中の矛盾が少しずつ噴出していたけれども，まだ豊かな社会が全員に利益をもたらすと感じ，信じることができた時代だったといえるかもしれません．しかし19世紀に入ると，社会のなかで下層に位置づけられた労働者階級の人々が経験した現実は，スミスの想定を遙かに超えるものでした．

一方では，「産業革命」によって科学技術が飛躍的に発展し，それが産業部門に大々的に活用されたこの時代，産業をわが手に収めた裕福な人々＝資本家たちは，世界中の富をおのれの手中に収め，とてつもない栄華・繁栄を享受します．そしてその対極にある労働者たちは，それまで経験し得なかったほどの極度の貧困状態に突き落とされたのでした．

　産業革命の中心地であったマンチェスターやリバプールといった都市における労働者の生活状態を見てみましょう．彼らの衣・食・住生活は，当時世界一の経済大国だったイギリスには似つかわしくない，悲惨という以外に形容の仕方がないほどのものでした．

　のちにマルクスの片腕として有名になるフリードリヒ・エンゲルスは，商店の不正と欺瞞に翻弄される労働者たちの食生活を，当時の新聞報道をもとに，詳しく描いています[4]．パンや小麦粉には石灰など不純物が大量に混ぜられていました．コーヒーやココアは泥からつくられ，使い切った紅茶は回収され，乾燥され，色づけされて「再利用」されます．店に置いてある秤もインチキで，実際よりも商品が重く表示されるように改造されていましたから，質だけでなく量の点でも，消費者は誤魔化されていたのです．

　住生活も同様で，日本でいうと6畳間に一家が暮らしているという状況でした．一家といっても，当時の女性は一生のあいだに子どもを10人近く産むということが普通でしたから，10人前後がこの狭い家に暮らしているのです．すし詰めの家では，工場での激務から帰って心身を休めることもままならなかったことでしょう．とくに，昼夜区別なく泣く乳児の泣き声は，悩みの種です．そこで人々は，薬局が売る「乳児酒」という液体を買い求め，これを自分の子どもに飲ませていました．「乳児酒」を与えられた子どもは，すぐに夜泣きをやめて静かになってくれるのです．今日では，これがジンやアヘンを甘く味付けしたものであることがわかっています．義務教育制度もなく，無知な労働者たちは，自分の子どもがアルコール中毒でぐったりとなっていることも知らずに，このようなものを売りつけられて，喜んでいたのです．

こんな生活が健康にいい筈がなく，世界第一の経済大国イギリス，そのなかでももっとも商工業が進んだマンチェスターにおいて，労働者の平均寿命はわずか17歳と記録されています．人生50年という時代ですから，現在よりも平均寿命が短いのは当然ですが，農村地帯に住む地主階級の平均寿命が50歳であるのに比べて，都市部の労働者の平均寿命はその3分の1しかないという，極端な格差社会が産業革命期のイギリスの社会だったのです[5]．

(3) ロバート・オウエンの協同社会論

そうした現実を目にして，自らの頭と心の中に，自由競争の経済学とは全く異なった社会観を抱き，それを磨いて育て上げたのが，ロバート・オウエンという工場経営者でした．

オウエンは，人々の窮乏の原因が「競争」にあることを見抜きます．そして競争社会は人間の本性に反しており，それに代えて助け合い＝「協同」を社会の根本原理に据えなければならないと説くのです．誰もが生まれてきたときは無限の可能性を秘めているのに，競争社会という害悪に染まった結果，労働者はあたかも生まれつき性悪で劣った人間であるかのように堕落してしまう．そしてそれを金持ちは軽蔑し，彼らを自分たちとは無縁の存在であるかのように扱うのだとオウエンは論じました．これでは永久に労働者は貧しい状況から抜け出せず，社会は分裂したままとなってしまいます．

したがって，オウエンがまず考えたのは，労働者の子どもたちを良い

図1 ロバート・オウエンの人形模型
（ニュー・ラナーク）

第1章　協同組合運動の誕生と展開

図2（上）・図3（下）　ユネスコにより世界遺産に指定されたニュー・ラナーク工場跡地

環境で育てることでした．

　当時は，労働者の家に生まれたならば，子どもでも働くのがあたりまえという世の中で，工場では多くの子どもたちが朝から晩まで働いていました．イギリスの中心産業であった繊維産業（紡績業）では，蒸気力や水力を利用した紡

績機械が発達し，飛躍的に生産力がアップしていましたが，そうした機械を掃除し，メンテナンスするには，身体が小さな子どもが好都合ですし，何よりも賃金を大人よりも安く済ますことが出来るということで，工場主は好んで子どもを雇用していたのです．

　オウエンは，こうした児童労働に断固として反対していました．子どもは工場で働くのではなく，学校で勉強すべきだという信念から，政治嫌いであったにもかかわらず，議会の調査委員会に出席，証言して，児童労働禁止の法律制定にも尽力しています．

　児童労働禁止を含む工場立法は，オウエンには満足できない不十分なもの

図4 復元されたニュー・ラナーク工場内の学校「性格形成学院」

となってしまいましたが，オウエン自身はそれとは関係なく，自らが経営するニュー・ラナーク工場（図2・3）で，信念を貫いた経営を行います．彼は子どもたちを働かせるどころか，工場労働者の子弟のために幼稚園や学校を開設し，そこでダンスや読み書き，算数，地理等々の教育を子どもたちに施すのです（図4）．

　オウエンはまた労働者たちやその家族にも，ユニークな態度で臨みました．ひとことで言えば，彼らを人間として扱い，その努力を評価する経営を行ったのです．その象徴が，オウエンの経営する「ニュー・ラナーク工場」の名物，「サイレント・モニター」（図5）です．

　サイレント・モニターは，工場で働く人々の勤勉さを色で示すもので，ニュー・ラナーク工場ではこれが労働者の頭上に吊り下げられています．現代から見ると，勤務評定を常時ぶらさげているようで，とんでもない職場だと思われるかもしれませんが，当時の時代状況のなかでは，これはむしろ逆の意味をもった仕組みだったのです．オウエンは，他の経営者たちと違って，労働者は生まれつき劣った人種ではない，と信じていました．彼らだってきちんとした境遇のなかで生活し，努力すれば，立派な人間になれるのだとい

う信念をもち，それを実証することを労働者たちに期待したのです．したがって，オウエンの工場で働く人々は他の工場よりも恵まれた労働条件が与えられていましたし，その代わりに，オウエンは労働者にも生活と労働の「倫理」を求めたのです．たとえば彼は，わざわざ労働者宅を家庭訪問して，家庭の生活環境のチェックまで行ったといいます．

とくにオウエンが嫌ったのは，労働者がアルコールに溺れることでした．ニュー・ラナーク工場では，泥酔しているところを見つかると，1回目は罰金，2回目は解雇という厳罰が科せられます．オ

図5　土産物として売られているサイレント・モニターの模型

ウエンの工場は待遇が良かったので，誰もクビになることを望まず，まもなく工場から飲酒の風習がなくなっていったと伝えられています．オウエンもそれに応えて，アメリカとの関係悪化で綿花の輸入が途絶え，イギリス全国で工場が閉鎖され，失業者があふれたときにも，ニュー・ラナーク工場は操業停止状態に陥ったにもかかわらず，ひとりの労働者も解雇することなく，それまでと同じように賃金を払い続けたのです．

いい環境からはいい人間が育つ，悪い環境からは悪い人間しか生まれない，という「性格形成論」にもとづいて，オウエンはイギリスのみならずヨーロッパ中から注目される，ユニークな経営を実践し，経営的にもニュー・ラナーク工場は大成功を収めました．しかし，オウエンはこれだけでは満足できなかったのです．経営者オウエンの指示に従って労働者が働くというのであれば，他の工場と本質的には変わらない．必要なのは，労働者自身が自分たちで運営する協同の社会だと考えたオウエンは，新大陸アメリカで，競争社会とはまったく異なる協同のコミュニティづくりに乗り出します．これが

「ニュー・ハーモニー協同体」の実験です．オウエンは，協同で住み，協同で働き，協同で運営する理想のコミュニティを人里離れた地に建設し，やがてはこれを全世界に広げようと考えたのでした[6]．

今日でも，こうしたコミュニティづくりがさまざまな宗教団体等によって世界各地で試みられていますが，アメリカで失敗し，失意のうちに帰国して再三試みたイギリスでも失敗したオウエンおよびその弟子たちによるコミュニティ建設運動は，思わぬ副産物を今日のわれわれに残してくれました．すなわち，協同組合です．

つまり，今日世界中に広がった協同組合のルーツは，ここにあるといえるのです．

(4) オウエン派初期協同組合運動

なぜ，コミュニティ＝協同の村をつくろうという運動が，今日の協同組合のルーツなのでしょうか．それは，この運動を推進したオウエン派（オウエン主義者）と呼ばれる人々の戦略に関わります．

師オウエンの構想に賛同し，オウエン主義のコミュニティ建設運動に参画した人々が直面したのは，コミュニティをつくるためには巨額の資金が必要だという問題でした．オウエン派の構想では，およそ200家族から300家族が暮らす協同の村をつくるということでしたが，そのための土地を取得するにも，協同で暮らす住居や食堂を建設するためにも，協同労働の場である工場をつくるにあたっても，相当な資金が必要です．オウエン自身は，成功した工場経営者として，相当の資金を持っていたでしょうが，いつまでもそれに頼り続けるわけにもいきません．

そこでオウエン派の人々が考えたのが，まずはコミュニティづくりの第一歩として，みんなが利用する協同の店をつくり，そこで生活に必要な品々を売って，資金を少しずつ貯めていこうという段階的な戦略でした．やがて資金が十分に貯まったら，それを使って住まいを建てよう，そしてその次には工場を建設しよう，さらには土地を購入して農場として耕作しよう，という

具合に，一歩一歩，段階を踏んで，オウエンの構想した協同コミュニティに近づいていこうと考えたのです．

ロバート・オウエン自身は，こうした考え方あるいは戦略に，あまり乗り気ではなかったようです．常に楽観的な彼が期待したのは，有力者の寄付でした．自分の考えは誰にとっても正しいのだから，この構想を理解さえしてくれれば，富裕な人々も自分の計画に賛同し，喜んで資金を出してくれるはずだと考えるのが，オウエンなのです．しかしオウエン主義者の多数は，師オウエンの意思に逆らって，自分たちの力で自分たちの問題を解決する道を選択します．1830年代，オウエン主義者たちはイギリス全土に200を超える協同の店，今日でいう生協の店舗を開店しました．われわれはこれを「オ

コラム

オウエン以前の協同運動

19世紀初めのオウエン派の運動が近代協同組合運動の始まりと言われますが，イギリスにおいてはそれ以前にも，さまざまな自然発生的な「協同」の運動が，人々によって試みられています．

もっとも古い伝統を持つのは，疾病や失業時に備えて日頃から人々が拠出金を蓄えておき，いざというときに相互扶助で助け合おうという仕組み，すなわち今日で言う「共済」の組織です．イギリスではこのような組織は「友愛組合(Friendly Society)」と呼ばれ，はやくも17世紀から設立されていたことが記録に残されています．1793年には友愛組合法が制定され，友愛組合は法的に保護される存在となりました．

また18世紀中盤以降には，物価の高騰に悩んだ消費者によって，食料品の共同生産や共同購入が各地で試みられていたと思われます．庶民層によるこうした動きが記録に残されることは多くはなかったでしょうが，1760年頃に設立されたウリッジ及びチャタムの共同製粉所や，1769年にスコットランドのフェンウィックで結成された食料品共同購入組合が，記録が残っているなかでは最も古い例としてあげられます．

19世紀に入ると，産業革命が進展し，ロバート・オウエンが協同を原理とした社会改革プランを提示することによって，こうした自然発生的な運動が，近代的な協同組合運動へと結実し，発展していくのです．

ウエン派初期協同組合運動」と呼んでいます[7].

つまり，今日の協同組合のルーツである初期協同組合は，生活のあらゆる側面を協同して暮らすコミュニティを建設するための第一歩として生まれたものなのです．

ところが1840年代になると，これほど盛んにつくられた協同組合の店舗が，どこのイギリスの町や村に行っても，全く見かけることがなくなってしまいます．1830年代末までに，ほとんどの初期協同組合運動の店舗は閉鎖に追い込まれていたのです．

第2節　ロッチデール公正先駆者組合

(1) ロッチデール公正先駆者組合

それにもかかわらず，今日世界中に協同組合が存在するのは，1844年，ロッチデールという町で，もう一度協同組合をつくってみようと人々が立ち上がり，そこで誕生した協同組合が奇跡的な成功を遂げたからです．「ロッチデール公正先駆者組合 (Rochdale Equitable Pioneers Society)」と名付けられたこの組合は，オウエン派初期協同組合とは違い，経営的にも成功し，ゆっくりではあるけれども着実に勢力を伸ばしていきました．そしてやがては，周辺の町に，そしてイギリス中に，さらにはヨーロッパから世界中に，これに倣った協同組合が設立されることとなるのです．

協同組合がつくるホームページやパンフレット類などには，ロッチデール公正先駆者組合を世界で最初の生協だなどとしている記述が時折見られますが，これはもちろん誤りです．それどころか，当時2万5000人くらいの人口しかなかったロッチデールの小さな町でも，これは最古の組合ではありません．上述のように，オウエン派の初期協同組合運動は200以上の店舗を展開しており，ロッチデールの町のなかにも1830年代には既に協同組合の店がつくられていたのです．しかし，こうした初期の運動の店舗とは違って，ロッチデール公正先駆者組合は長期にわたって事業と運動を展開し，全世界

第1章　協同組合運動の誕生と展開

に大きな影響を及ぼすことができたのでした．したがって，ロッチデール公正先駆者組合を「最初に大成功を収めた協同組合」と呼ぶことはできるかもしれません．

それでは，初期協同組合運動とロッチデール公正先駆者組合とはどこが違っていたのでしょうか．

その目的や戦略において，両者は基本的に同じ展望をもっていたといっていいでしょう．ロッチデール公正先駆者組合の創立に関わったメンバーのうちの多くはオウエン派といっていい人々でしたから，1844年

図6　現在は博物館となっているロッチデール公正先駆者組合第1号店

に彼らが取り決めた文書には，オウエン派が初期協同組合運動で描いた構想と全く同じような計画が描かれています．まず店から始めて，住まいをつくり，工場を建て，農場を開き，失業者を雇用するとともに店で売る品物を生産する……．こうして，自立した協同の村をつくっていくことをロッチデールの先駆者たちは考え，まず手始めに年末12月21日に，トードレーンというロッチデールの中心部に店舗が開かれたのです．

つまり運動としての方向性では，ロッチデールの先駆者たちが当初向いていた方向と初期協同組合運動のそれとはほとんど変わるところがありません．しかし，事業においては，つまり店舗の経営にあたっては，先駆者たちは初期協同組合運動の失敗を教訓とし，より練られた方法と規律をもって実務に携わったのです．

初期協同組合運動は，ウィリアム・キングのような実務に通じた人物の影響下にあったとはいえ，経営という面で成功することができませんでした．たとえば，当時の商習慣に則って，また仲間同士でつくった店として，労働

者たちは初期協同組合店舗で物品を"ツケ"で買っていました．現金での取引という習慣は，当時の庶民にはあまりなかったのです．それが結局，商品代金の回収ができないという状況に結びつき，焦げ付きを多く抱えた協同組合店は閉鎖を余儀なくされることとなってしまいました．貧しい者を対象にした事業がいかに困難であるのか，協同組合は身を以て知ることとなったのです．

　このような苦い経験を見ていた人たち，そしてその苦難を実際に体験した人たちがもう一度やり直そうと立ち上がったのが，ロッチデール公正先駆者組合です．そこで先駆者組合は，二度とその轍を踏まないような事業経営のルールを定めていました．組合員にものを売るときも，ものを仕入れて買うときも，一切ツケを許さず，現金で取引することを厳守したのです．まさに完璧な無借金経営といえるでしょう．このほかにも，事業のやり方や組合の運営について，先駆者たちはいくつかのルールを定め，それに基づいて組合を切り盛りしていました．初期協同組合と違って先駆者組合が成功できた理由は，ここに求められます．

　そして，そうした運営ルールと，その背景にある協同組合の理念・精神とが，ロッチデールの人々が残してくれた協同組合運動成功の鍵として，のちにまとめられることとなるのです．これが「ロッチデール原則」と呼ばれるもので，ロッチデール以降の全世界の協同組合が，この名高い原則（現在では，「協同組合原則」と呼ばれています）をあらゆる協同組合に共通する了解事項とみなし，その伝統を受け継いでいます．

　ロッチデール原則こそが，民間では世界最大の組織といわれる今日の協同組合を生み出したのだといっても，おそらく間違いではないでしょう．

⑵　ロッチデール原則

　それでは，ロッチデール原則とはどういうものなのか，見ていきましょう．実はロッチデール原則とは何かについて，研究者や協同組合関係者の意見が完全に一致しているわけではありません．先駆者組合を運営していた人たち

が，これがロッチデール原則であると明示していたわけではなく，彼らがいろいろな場面で定めたこと，実行していたことを，のちに第三者が定式化してまとめたというのがロッチデール原則ですから，論者によって多少の違いがあるのです．しかし，ロッチデール原則とは以下のような諸原則から成り立つという点で，さまざまな意見も大筋では一致しているといってもいいでしょう．すなわち，ロッチデール原則とは，

(1) 民主主義の原則（1人1票制）
(2) 開かれた組合員制度の原則（加入・脱退の自由）
(3) 出資に対する利子制限の原則（最低の利子だけ支払う）
(4) 利用高に比例した割り戻しの原則（購買高に応じて配当する）
(5) 市価販売の原則（値引きはしない）
(6) 現金取引の原則（掛け売りはしない）
(7) 公正な商売の原則（純良な品質，正確な計量）
(8) 教育重視の原則（図書室・各種講座の設置）
(9) 政治的・宗教的中立の原則（自主独立）

といった，ロッチデール公正先駆者組合の運営における哲学・理念と取り決め・ルールを公式化したものです．

　まず「民主主義の原則」です．これはいうまでもなく，財産や身分や職業等々に左右されず，組合の意思決定において誰もが平等に参画するという「1人1票制」の原則ですが，それ自体は民主主義の母国といわれるイギリスにおいて，珍しいものではありません．しかし，少し考えて見ればわかるように，民主主義が社会のあらゆる側面に行き渡っていると思われがちな現代の先進国においても，経済の世界だけは，協同組合を除けば，民主主義とは無縁なのです．オーナー企業の意思決定はオーナー一族が独占していることが多いでしょうし，開かれた株式会社であっても，その意思決定は1株1票制，つまり端的に言ってしまえば，金持ちが全てを決めるという世界なの

です．

　その経済界において，協同組合だけが唯一，民主主義による意思決定方法を今日に至るまで受け継いでいることは，特筆すべきことであると言えるでしょう．ロッチデール以来，いつの時代でも，どこの国でも，協同組合であれば必ずそこでは組合員によって民主的にものごとが決められているのです．

　次は「開かれた組合員制度」の原則です．これは日本の協同組合では「加入・脱退の自由」とも呼ばれています．協同組合に入るのは組合員の自発的意志によるものであり，誰からも強制されるものではなく，また希望する人々には常に門戸を開いているというのが，ロッチデール以後の協同組合の原則です．

　そしてこの協同組合は非営利組織であり，金儲けを目的とするものではないということを謳ったのが「出資に対する利子制限」の原則です．人々が営利企業（株式会社）に出資するのは，その企業が儲かり，その分け前に与ることを期待してのことでしょう．しかし協同組合は，そのような期待を抱く人々から出資金を集める事業体ではありません．人々が協同組合に出資するのは，自分たちの店を開き，自分たちの生活を協同で改善し，維持したいと願うからです．したがって，協同組合にいくら出資をしても，その出資に対しては必要最低限の利子しか支払わないということを，この原則は宣言しているのです．

　それでは，協同組合が事業活動を展開した結果，生まれた利益（協同組合ではこれを「剰余金」と呼んでいます）はどうなるのでしょうか．「利用高に比例した割り戻しの原則」によって，それは「組合をいくら利用したか」に比例して，組合員に還元されます．たとえば協同組合から10万円の購入をした組合員に，それに見合う1000円が還元されるとすると，1万円だけ利用した組合員には，その10分の1の100円が戻るということです．なぜ協同組合にそのような剰余金が生まれたかというと，組合員が利用してくれたからに他ならない．だから，その貢献度に応じて，剰余金はお返しすべきだということです．

しかし，ここで疑問が生じるかもしれません．非営利の協同組合なのだから，剰余金が生じるということはおかしいのではないか．はじめから売価をギリギリまで下げて供給すれば，組合員に喜んで貰えるし，ややこしい剰余金の還元など考えなくても済むではないかという疑問です．これはもっともな疑問といえますが，ロッチデール公正先駆者組合は，あえてそういうやり方を採りませんでした．それを説明するのが，「市価販売の原則」と「現金取引の原則」です．ロッチデール公正先駆者組合は，あえて市価，つまり「他の商店と同じ売価とする」ということを方針として掲げ，しかも上述のように，必ず現金と引き替えでしかものは売らない，ツケ買いは許さない，という態度を取ったのです．

　これは，他の商店との軋轢を避けるという意味もありましたが，そこにはもっと深い考えも込められていました．たしかに値段を下げて売れば消費者は喜ぶでしょうが，そんなことをしても，結局は組合員の生活改善には結びつかないということを先駆者たちは知っていたのです．

　当時の労働者には，貯金をするという習慣は全くありませんでした．低賃金で働く彼らが唯一楽しみとしていたのは飲酒です．酒を飲むことだけが憂さ晴らしの方法であり，すこしでも金が余れば，あっというまにアルコールに消えるというのが当時の労働者の生活だったのです．こんななかでは，組合が多少値引きをしたとしても何ももたらされません．そこで先駆者組合は，あえて組合員には市価で現金販売をして，他の商店では利潤となる分を組合に取っておき，それを3カ月後にまとめて組合員にお返ししたのです．これが上述の「利用高に比例した割り戻し」です．こうすれば，労働者がそれまで見たことがないようなまとまった金額が，彼らの口座に積み立てられることになります．組合員は，生活に余裕があれば口座にずっと貯金を貯めておくこともできましたし，まとまった金額が必要であれば，そこから必要なだけの現金をおろすこともできました．ここで初めて，労働者は無駄遣いをすることなく真剣に，その割り戻し金をいかに使うべきか，自分たちの生活をどう改善しようか，考え始めるのです．ロッチデール公正先駆者組合はそれ

をねらっていたのです．

　このように，ロッチデール公正先駆者組合では「市価での現金販売」と「利用高に比例した組合員への還元」とが結びついて，組合員の生活状態改善のために本当に有効な方策が編み出されたわけですが，この3つの原則は組合の事業経営にとっても非常に大きな利益をもたらすものでした．すでに述べたように，オウエン派初期協同組合運動を崩壊させた大きな原因は"ツケ買い"でした．それを許さないことでロッチデール公正先駆者組合は事業を健全なものにすることができましたし，組合員から見れば，現金での支払いということだけを受け入れさえすれば，あとは商店から組合に買い物先を変えて，それまでと同じ価格で買い物をするだけで，自動的に貯金がどんどん増えていくというシステムが提供されたということになります．これはどう考えても，組合で買い物することが得策だということでしょう．こうして協同組合は，買い物してくれる利用者＝組合員をどんどん拡大していくことができたのです．

　しかも，「公正な商売の原則」にあるように，組合の店は，インチキ商売が横行していた当時の小売業界の状況に真っ向から対抗し，「純良な品質のものしか提供しない」「正確に計量して目方はたっぷりとる」ことを基本方針としていました．小麦粉に石灰を混ぜたり，土からコーヒー豆に似たものを形づくって売ったり，秤を改造して計量でもインチキをしたりしていたのが当時の悪徳商人たちでしたが，組合の店ではそういうことは絶対にしないという宣言です．

　今日の日本の協同組合が重視する「食の安心・安全」は，ここにルーツがあるということもできるでしょう．しかし当時の消費者は，はじめからロッチデール公正先駆者組合のこうした方針を理解し，それを支持していたわけではありませんでした．混ぜものをした真っ白な小麦粉に慣れていた人々は，先駆者組合で売られている英国随一の純良な小麦粉を見て，くすんだ色をした二流品だと誤解したと伝えられています．当時の製粉技術では，混ぜものをしなければそうなるのがあたりまえだったのですが，それを理解しない消

費者組合員に対して，ロッチデール公正先駆者組合が行ったのは，他の業者のように混ぜものをして誤魔化すことではなく，「教育重視の原則」を掲げ，真実を理解してもらうことでした．「教育こそ協同組合の命である」というのが，ロバート・オウエンの影響を強く受けた先駆者以来の協同組合運動の伝統です．

ロッチデール公正先駆者組合をはじめとする協同組合は単なる小売事業体ではありません．店舗の2階には必ず図書室，新聞室が設けられ，義務教育制度が整備されていないイギリスにおいて，労働者への基礎的教育機関としての機能も果たしていました．剰余金の2.5％は必ず教育基金に充てるというルールを定めたロッチデール公正先駆者組合は，定期的に各種教養講座を開催していましたし，ロッチデールの町に公共図書館を最初に建設したのも，自治体ではなく先駆者組合でした．

こうして，ロッチデール公正先駆者組合は人々の自主的で民主的な非営利の組織・運動であることを謳ったわけですが，それは政治や宗教の道具となることを拒否するということでもありました．「政治的・宗教的中立」の原則は，協同組合はあくまで自分たち自身の意思で動く組織であり運動であることの確認です．のちにイギリスの協同組合運動は独自の政党（協同党）を結成することになるのですが，この段階での協同組合運動は，政治でもなく，宗教でもなく，衣・食・住に関わる協同の事業展開と，協同を原理とする教育によって，世の中を変えるのだと考えていたのでした[8]．

(3) 協同体建設から店舗経営へ

こうしてロッチデール公正先駆者組合は，購買事業を通じて組合員の生活向上を図ることに大成功を収めます．しかし，ここで協同組合運動が大きな「転換」を経験したことに注意しなくてはなりません．以下では，ロッチデール公正先駆者組合が歴史上果たした役割と，協同組合運動が今なお抱える課題を考えるために，協同組合研究者によって「From Community Building to Shop Keeping（コミュニティ建設から店舗経営へ）」と呼ばれる転換

図7 ロッチデール公正先駆者組合が建設した住宅「先駆者ストリート」と「公正ストリート」

がいかなるものであったのか,解説しましょう.

　もともとオウエン派の人々が推進した初期協同組合の店舗建設運動は,店舗そのものが最終目的なのではなく,協同で暮らすコミュニティを建設するための第一歩だった,ということはすでに述べました.ロッチデールの先駆者たちも同じ戦略で,新社会建設の最初の一歩として,トードレーンに店を開いたのです.

　当初の彼らの目論見では,店が成功すれば,次は住まいの購入や建設を行い,その次には工場をつくり,さらには農場を開いて,自立した協同のコミュニティを,段階を踏んで建設していくはずでした.事実,ロッチデール公正先駆者組合はかなりの規模の協同住宅を建設していますし(図7),小麦の製粉工場も自前で取得し,高品質で安心・安全な小麦粉を組合員に供給しています.

　しかし結局,先駆者組合がそれ以上のことに手をつけることはありませんでした.競争社会とは全く異なる協同のコミュニティをつくろうという目標は,いつのまにか棚上げされてしまったのです.

　その代わりに彼らがもっとも力を注いだのは,先駆者組合成功の最大の要

因といわれる「利用高に比例した割り戻し」です．1870年前後には，公正先駆者組合の成功に刺激されて，ロッチデールの町の中に先駆者組合のライバルとなる協同組合がいくつか誕生するのですが，それらの組合と先駆者組合とは，どちらが組合員により多くの「割り戻し」をできるか，競争を始めます．いつのまにか「divi（英語で「割り戻し」を意味する俗語）」がイギリスでは協同組合の代名詞となるのです．この組合では1ポンドの買い物をしたら，いくら戻ってくるのか．消費者の関心はそこに集中するようになっていきます．

　これではいつまでたっても，協同のコミュニティを建設するための資金など蓄積できるはずもありません．組合員も，そんな夢のような計画は語らなくなっていきます．つまりロッチデール公正先駆者組合の事業的な大成功を契機に，協同組合運動はその性格を変えたのです．目標はもはやコミュニティづくりではなく，個々の消費者の生活状態の向上となったといってもいいでしょう．

　こうした転換をどう評価するのかは人それぞれでしょうが，ロッチデールを転機として，イギリスの協同組合運動が，消費者が自分たちの利益を守り，高めていく運動となったということは，今日の協同組合運動の課題を考える上でも，押さえておかなければならない事実です．ロッチデールは次第に消費者の協同組合運動という性格に特化していきますし，これに影響されて，農業者は農業者の，漁業者は漁業者の，中小商工業者は中小商工業者の，それぞれ独自の協同組合をつくり，発展させていきます．20世紀の協同組合運動は，生協，農協，漁協，信用組合といった具合に，それぞれの立場にある人々の利益を守るための，組合員の種別毎に分かれた協同組合として展開されます．その端緒を開いたのがロッチデール公正先駆者組合だったといえるでしょう．

第3節　協同組合運動の展開

⑴　消費者運動としての協同組合運動

　つまりロッチデールにおける大成功を経て，協同組合運動は規模を拡大したというだけでなく，質的にも大きく変わったのです．協同組合運動が消費者の運動として発達したイギリスでは，協同組合の目的が「消費者主権」の世の中をつくりあげることに絞られていきます．消費者の協同組合なのだから，消費者の生活を防衛し，社会のなかでその地位を高めることが唯一の使命だと考えられるようになっていくのです．ロッチデールから始まった店舗の運動は，周辺の町村に，そしてイングランド，ウェールズ，スコットランド全土に波及していきます．全国各地の協同組合の代表は，年1回，持ち回りでイギリス各地で開かれる「協同組合大会」に参加し，そこで協同組合運動の成果や課題を議論し，運動としての結束を深めます．

　もちろん時には参加者のあいだで激論が交わされることもありました[9]が，こうして全国的な運動となったイギリス協同組合運動は，まもなく国際的な運動へと発展していきます．イギリスの協同組合大会のなかで，国を超えて協同組合運動を推進することが語られ，それが結局は，今日世界最大の民間組織にまで成長した「国際協同組合同盟（ICA）」の発足に結びつくわけですが，その詳細は第2章で述べることとして，ここでは19世紀末から20世紀にかけて消費者運動に純化したイギリスの協同組合運動がその後どのような道を歩んだのか，簡単に振り返っておきましょう．

　割り戻しをアピールポイントとすることによって，イギリス各地で設立された協同組合は19世紀最後の四半期に多くの顧客を引きつけるようになっていました．なかにはロッチデールやその隣町のオルダムのように，複数の協同組合がつくられて協同組合同士で客を奪い合うというような例も出てきます．協同組合は全国的に統一して展開された事業というよりも，それぞれの地域で独自に発展してきた運動ですから，たくさんの組合が集中する地区

第1章　協同組合運動の誕生と展開

図8（上）・図9（下）　マンチェスター・ビクトリア駅前のCWS本部ビル

もあれば，組合が全くない空白区もありましたし，それぞれが小さな規模にとどまっていて，効率性の点で問題があったり，商品を仕入れるのに苦労したりすることもありました．

そこで，協同組合の卸売を統一して請け負う卸売連合組織が，ロッチデール周辺などイングランド北部のおよそ300の組合によって1863年に結成されます．この連合組織が1870年代に入ると「協同卸売組合」(CWS：Co-operative Wholesale Society) という名称で，英国全土の協同組合を対象とした卸売事業を展開するようになるのです．小売店の成功は，消費者に良質な商品を供給できるか否かにかかっています．つまり，いいものを手ごろな価格で仕入れられるかどうかで小売事業の運命の大半は決まってしまうわけですから，協同組合の卸売部門を一手に引き受けたCWSは全国の協同組合に対して大きな影響力をもつことになり，やがては今日の協同組合銀行の前身である銀行部門を設けるなどして，協同組合運動の指導的な立

場に立つことになります．そしてCWSがつくるオリジナル商品（ビスケットやラジオなどが有名です）が，協同組合のシンボルのように，イギリスの消費者のあいだでよく知られ，愛用されるようになっていくのです．今日，生協がつくるオリジナル商品（プライベートブランド商品）は「コープ商品」と呼ばれていますが，そのルーツはここにあるといっていいでしょう．

　オリジナル商品も次々に拡充され，協同組合がシェアを拡大していくと，特定の商品分野で独占的な地位を築いて独占価格を設定し，消費者から暴利を得ようとするメーカーは苦境に立たされます．メーカー間で談合して協調値上げをしようとしても，自ブランド商品をもつコープがそれに加わらなければ売れ行きを落とすだけですから，思うようなことができなくなってしまったのです．消費者がつくる強力な事業組織が存在することで，いかに消費生活が防衛され，豊かなものとなるのか，20世紀の前半，CWSに先導されたイギリス協同組合運動はまざまざと見せつけてくれました．食料品の小売市場でコープのシェアは20％以上，ものによっては，たとえばイギリス人が消費するバターの4割はコープのバターだというような驚異的なシェアを獲得しています．1944年，イギリスの協同組合は，世界最大の小売事業体として，ロッチデール公正先駆者組合創立100年を迎えるのです．

　また小売を中心とした流通事業だけでなく，社会運動という点でも，1880年代に結成された「女性協同組合ギルド」という組合員組織を中心に，20世紀初めの協同組合はイギリスの社会を大きく動かす活動を展開しています．女性協同組合ギルドは，女性たちの力で，組合内外の女性の地位を向上させるだけでなく，教育や健康，労働問題などに果敢に挑みます．さらに協同組合運動は，第1次世界大戦を機に，政治的中立を堅持するというロッチデール原則以来の方針を撤回し，独自の政治勢力を結成，これが1919年には「協同党」という政党となりました．現在に至るまで，協同党はイギリスの議会において相当数の議席を擁し，協同組合運動の考えを国政に反映させる政治活動を行っています．

　このように事業においても運動においてもきわめて強力な存在であった協

同組合ですが，それが力を失い始めるのは1950年代後半です．第2次大戦後，戦火で荒廃したヨーロッパには新興勢力アメリカの強力な企業が続々と進出し，「大量生産・大量消費」のアメリカ型社会がヨーロッパの伝統的市民社会に取って代わろうという動きが生まれます．イギリスの流通業界にもチェーンストア業者が次々に登場し，いつのまにか協同組合は「古い」流通業だとみなされるようになってしまいました．小さな協同組合が合併・吸収を繰り返して大規模化を図るなど近代化の試みもすこしずつ進められましたが，大規模なチェーンストア経営においては，協同組合の民主主義は意思決定の遅れや非効率の象徴と捉えられてしまうのです．20世紀の後半，協同組合のシェアは一貫して低下し続け，世紀末には5％程度まで落ち込みます．コープの経営不振に目をつけた企業乗っ取り屋によって，協同組合の買収・解体が目論まれるほどに，イギリス協同組合運動は衰退してしまいました．

われわれは，「割り戻し金」であれほどの人気を集めた協同組合がなぜ没落してしまったのか，営利企業との競争のなかでコープが支持を失っていったのはなぜなのか，真剣に考えなくてはなりません．イギリスの協同組合運動がこの課題に正面から取り組み始めたのは，世紀の転換を控えた1990年代になってからのことでした．

(2) ステークホルダー協同組合論

21世紀を目前にした1990年代，イギリスなどヨーロッパの協同組合を中心に，協同組合の「ガバナンス」が盛んに議論されました．ガバナンスというのは「統治」を意味する言葉で，協同組合をいかに組織し，運営していくかが，あらためて根本から検討され始めたのです．

なぜ，こんな議論が展開されたのでしょうか．その背景には，ヨーロッパの協同組合先進国において協同組合の事業・運動が停滞し，ときには協同組合の内部や周辺で不祥事が起こるといった状況がありました．このままでは協同組合運動はダメになってしまうと考えた人々は，営利企業においても同様に企業統治（コーポレート・ガバナンス）の改革が企てられていることを

参考にして，協同組合ガバナンスの改革に乗り出したのです．

　改革を先導したのは，イギリスの協同組合運動でした．営利企業の不祥事続発を受けて，イギリスではキャドバリー委員会という組織が立ち上がり，営利企業に対して，社会的責任を果たすような厳しい経営倫理を求めていました[10]が，イギリスの協同組合連合会はこれと同様の改革を傘下の組合にもとめたのです．

　「最善行動規範」という，協同組合の役職員が遵守すべき行動基準が定められ，各協同組合は毎年1回，社会的責任経営に関する報告書（図10・11）を提出し，運営体制をチェックすることが義務づけられます．協同組合ですから組合員民主主義を維持・発展させることはもちろんですが，それだけでなく，組合員以外の人々，広く社会一般に対しても，きちんと情報を公開し，社会のなかに存在し，活動する事業体，運動体としての責任を取ることがもとめられたのです．

　次章で詳しく説明するように，1980年に発表された『西暦2000年の協同

図10（左）・図11（右）　イギリス生協の社会的責任報告書（ステークホルダー報告書）

組合』(通称レイドロー報告) は，生協は消費者の欲望に応じることだけで満足していてはならないと指摘していましたが，それを受けて1990年代，国際協同組合運動のなかでは協同組合の社会的な責任についてさまざまな議論が起こります．そして1995年には「協同組合原則」が改訂され，「協同組合はコミュニティに責任をもたなければならない」という主旨の原則が追加されるのです (巻末資料，226ページを参照)．協同組合原則というのは，世界中のあらゆる協同組合が規範とする，基本的な協同組合のあり方を示すものですから，全世界の協同組合がこれに影響されて，事業と運動を再点検することとなります．イギリスの協同組合運動がガバナンスの改革に乗り出したのは，深刻な停滞状況に陥っていた協同組合運動を立て直そうという意図をもったものでしたが，そうした国際的な協同組合運動の動向に影響されたものでもありました．組合員に限ることなく，広くコミュニティに貢献する協同組合をつくりあげることで，危機的な停滞状況を克服することがイギリス協同組合運動の使命となったのです．

　そして協同組合研究の世界でも，こうした動きをとらえた新しい理論が提起されることとなりました．「ステークホルダー協同組合」という考え方です．

　ステークホルダーというのは経営学の用語で，「利害関係者」を意味します．企業経営をその企業に利害関係をもつ人々との関連で考えるのがステークホルダー経営論であり，この考え方を取り入れた協同組合論が新たに提唱されたのです．

　それでは，協同組合のステークホルダーとは誰でしょうか．

　もちろん真っ先にあげられるのは組合員です．協同組合の組合員は，利用者であるだけでなく，出資者でもあり，運営者でもあります．企業でいう顧客と株主と経営陣が一体化したのが組合員ですから，協同組合にとって最大のステークホルダーが組合員であることに異論はないでしょう．しかし，それは唯一絶対のステークホルダーではない，というのが，ステークホルダー協同組合論が新たに提起した論点でした．

それまでの協同組合民主主義論では，事実上，組合員というステークホルダーだけが取り上げられていたが，協同組合にはその他にも重要なステークホルダーが存在する．協同組合で働く労働者，協同組合と取引する人々，協同組合が存在する地域社会の人々，あるいは将来協同組合に関わることとなるであろう次世代の人々等も，協同組合の重要なステークホルダーであって，こうした多様なステークホルダーとの関連で，協同組合はガバナンスや事業を考えなければならない．これがステークホルダー協同組合論の主張です[11]．

(3) 協同組合における共益と公益

こうしたステークホルダーという考え方に立ってみれば，コミュニティへの責任を謳った新しい協同組合原則も，理論的にきちんと説明することができます．理論研究においても，事業と運動の実践においても，21世紀の協同組合は組合員民主主義を基礎として，さらにそこから一歩進んで社会全体に貢献する協同組合であることをめざそうではないかと，意見が一致しているのです．

テスコやアズダといった強力なチェーンストアと激烈なシェア争いを繰り広げてきたイギリスの生協も，大型ショッピングセンターを舞台に営利企業との競争に明け暮れるという路線を放棄し，コミュニティ重視を掲げて，「コンビニエンスストア」と呼ばれる小型のスーパーマーケットを主力業態とする新戦略を打ち出します（図12，表1）．最近幾分変化してきたとはいえ，日本ではコンビニというと，まだまだ若者を主要なターゲットとしているというイメージが強くありますが，イギリスのコンビニエンスストアは，むしろ高齢者やいわゆる「買い物弱者」など，地元のコミュニティのなかで食料品などを買い物したいという地域の人々のニーズに応える店なのです．生協はこのコンビニエンスストアに注力することで，イギリスにおけるコンビニエンス業界でトップの地位を獲得し，一時期のひどい停滞状況から脱することが出来ました．

図12　英生協のコンビニエンスタイプ店舗

表1　21世紀初頭の英国生協タイプ別店舗数の推移

	2001年	2005年
食料品店合計（Total Food）	2,383	3,301
大型スーパーストア（Superstores）	27	23
中型スーパーマーケット（Supermarket）	1,233	1,089
小型コンビニエンスストア（Convenience）	1,109	2,176
その他（Others）	14	13
非食料品店合計（Total Non Food）	1,260	1,794
旅行代理店（Travel）	658	695
郵便局併設型店舗（Post Offices）	270	513
その他（Others）	332	586

出典：*Consumer Co-operatives Performance Review 2002*, Co-operatives UK, 2003. *Connecting the Co-operative Movement: Performance and Statistical Review 2005*, Co-operatives UK, 2006.

　これはコミュニティに対する責任を果たそうという協同組合事業のあり方の一例ですが，世界のさまざまな協同組合が，さまざまな形で，コミュニティに積極的に関与する事業と運動を現在展開しています．そうした協同組合の視線は，組合員ばかりではなく，地域のあらゆる人々に向けられているのですが，そこで新たに問題となってきたのが，協同組合における「共益」と「公益」という問題です．

誕生以来，協同組合は組合員の利益を協同で追求してきました．これが共同の利益＝共益ということですが，翻ってもう一度協同組合の原点を振り返ってみれば，オウエン派やロッチデールの人々が協同組合の店舗を開いたのは，ただ単に買い物する者の利益を確保しようという目的からではありませんでした．彼らは，競争社会のなかで虐げられた人々がきちんとまともな生活が送れるような，協同の社会をつくろうとして，まず協同組合店舗を開設したのです．これは社会全体の利益，すなわち公益につながる社会運動と捉えることができるでしょう．そういう意味で，21世紀の協同組合はもう一度，運動の原点に返って，コミュニティのあり方を考える道を歩み始めたといえるのではないでしょうか．

　現在，世界の協同組合運動は，続発する天災や人災に対して，国境を越えた支援活動を展開しています（図13）．国連総会は，こうした活動を評価し，協同組合は地域コミュニティの持続的な発展にとってなくてはならない存在であるとして，2012年を「国際協同組合年（ICY: International Co-operative Year）」と定めました．もはや協同組合は，国際社会が認める社会的な存在なのです[12]．

　もちろん，そこには大きな課題もあります．共益と公益とは，常に完全一致するものではないかもしれません．個々の組合員の利害を超えた公益の追求に，協同組合はどこまで取り組むべきなのでしょうか．新しい協同組合民主主義の問題が，実践においても，理論においても，問われているのです．

図13　洪水被害に対する協同組合の救援活動を報じる国際協同組合運動のニュース

注

1) 本書巻末の「資料」に収録した「ロッチデール原則」「協同組合原則」を参照して下さい．
2) 世界の協同組合の中には，イギリス以外，たとえばドイツにその源を辿ることができる協同組合もあります．これについては，ヨーロッパの協同組合について解説した第5章第1節を参照して下さい．
3) 日本では数え切れないほどアダム・スミスおよびその経済学についての研究・解説書が発表されていますが，そうしたものを繙くよりも，まずは原典である『国富論』（上・下，日本経済新聞社出版局，2007年）に目を通す方が，得られるものはきっと大きいでしょう．
4) フリードリヒ・エンゲルス『イギリスにおける労働者階級の状態』（上・下，新日本出版社，2000年）．
5) 以上の記述は，角山栄・村岡健次・川北稔『産業革命と民衆』（河出文庫，1992年）によっています．ここではその一部しか紹介できませんでしたが，この書は諸史料を駆使して，産業革命がイギリス人の生活に対していかなる影響を与えたか，新たに生まれた格差社会イギリスにおける上層，中流，そして下層の人々の生活をあらゆる角度から生き生きと描いています．
6) ロバート・オウエンの人と思想については戦前から数々の研究が積み重ねられていますが，最新の研究成果に基づいてまとめられたのが，土方直史『ロバート・オウエン』（研究社，2003年）です．
7) オウエン派やその初期協同組合運動については，古い文献ですが，今でもG.D.H.コール『協同組合運動の一世紀』（家の光協会，1975年）の記述がすぐれています．ロッチデール公正先駆者組合創立100年を記念して執筆・刊行された本書では，スコットランドやロッチデールの隣町オルダムには，オウエン以前にも協同組合的なパン屋が自然発生的に作られていたことが紹介されていますが，これらは孤立した試みであり，運動には成長しなかったと評価されています．
8) ロッチデール公正先駆者組合について詳しくは，この組合の理念と活動をレポートすることで協同組合運動を世界中に広める役目を果たしたジョージ・ヤコブ・ホリヨークの古典的名著『ロッチデール先駆者たちの歴史』（協同組合経営研究所，1993年）や，ジョンストン・バーチャル『コープ・ピープルズ・ビジネス』（大月書店，1997年）を参照して下さい．
9) そのなかでももっとも激しい議論となったのは，「労働者利潤分配制」をめぐる問題でした．これは，協同組合で上がった利益（剰余金）は，いったい誰のものなのかをめぐる論争です．協同組合なのだから，すべては主権者である組合員のものであると考える人々は，「利用高に比例した割り戻し」によって剰余金のすべてを消費者組合員のあいだで分け合うことを主張します．これに対して，そもそもは労働者が正当に報われる社会を建設するために協同組合は生まれたのだとい

う人々は，協同組合で働く労働者にも剰余金を受け取る権利があるはずだと主張します．この考え方を「労働者への利潤分配」というのですが，この労働者利潤分配制をめぐって，イギリスの協同組合陣営は二分され，やがてこの論争は国際協同組合同盟にも波及することになります．その詳細については，第2章を参照して下さい．

10) キャドバリー委員会ほかのイギリスで立ち上げられたコーポレート・ガバナンスに関する諸委員会の報告書は，その邦訳が『コーポレート・ガバナンス―英国の企業改革』(商事法務研究会，2001年) に収録されています．

11) こうしたステークホルダー論に基づいて日本の協同組合を論じた書物としては，中川雄一郎編『生協は21世紀に生き残れるのか―コミュニティと福祉社会のために』(大月書店，2000年) があります．

12) 『協同組合の役割と未来―共に生きる社会をめざして』(家の光協会，2011年) は，国際協同組合年記念と銘打って，日本と世界における協同組合の現状を紹介する文献です．

第2章

協同組合のビジョンとアイデンティティの歴史

国際協同組合同盟のロゴ

第1節　国際協同組合同盟の歴史

(1) ICAの創立前史

　国際協同組合同盟（International Co-operative Alliance: ICA）の名称は，1893年8月に労働者生産協同組合運動の指導組織「労働アソシエーション」(Labour Association, 1884年設立）の指導者の1人E.O.グリーニングの尽力によって開催された協同組合の「国際同盟会議」で決定されたものです．提案者は，『ロッチデールの先駆者たち』(1857年）を著したオウエン主義者G.J.ホリヨークでした．ところが，1895年8月にロンドンで開催された第1回国際大会の正式名称は，私たちが通常そう呼んでいる「第1回国際協同組合同盟（ICA）大会」ではなく，「第1回国際協同組合大会」(the First International Co-operative Congress)でした．「同盟」(Alliance）が抜けていたのです．どうして「同盟」が抜けていたのでしょうか．その理由は「第1回イギリス協同組合大会」から「第1回国際協同組合大会」(=「第1回ICAロンドン大会」)の議論・討議の過程を見ていけば分かりますが，同時にその過程が，当時の協同組合人の協同組合における「利潤分配」をめぐる葛藤と協同組合運動の国際連帯を目指す努力との矛盾する過程であったことをも私たちは知ることになります[1]．

　1869年（5月31日〜6月3日）に開催された第1回イギリス協同組合大会について「国際という名称こそ付されていないとはいえ，紛れもなく国際的であった」とキリスト教社会主義者のJ.M.ラドローはこの協同組合大会を讃えました．実際，この時期にはフランス，ドイツ，イタリア，スペインそれにデンマークなどヨーロッパ諸国においては協同組合運動の発展が見られるようになっていたので，それらの国々の協同組合の指導者は「近代協同組合のメッカ」であるイギリスの協同組合運動の記念すべき第1回大会に参加したし，その後の大会にもヨーロッパ諸国の協同組合人は参加しています．その点で，少なくともヨーロッパ地域においては国際連帯の組織化を促進し

> コラム

利潤分配論争（1）

　ICAの初期の歴史は「利潤分配」をめぐる論争の歴史でもありました．なぜ，そのような歴史がICAの歴史の一コマに現れたのかといえば，イギリス協同組合運動における「利潤分配」論争がICA創立の過程と創立初期のICA大会に直接持ち込まれてしまったからです．

　イギリスの協同組合は，ICAが創立された1895年前後においては，既に世界で最も先進的な運動を展開しており，流通と生産の双方において大きな経済的，社会的な能力を発揮していました．特に消費者協同組合陣営はCWS（協同卸売組合）を基盤にビスケット，ミルクなど食料品を中心とした独自の生活用品を生産し，それらを供給・販売するための確かな小売り流通を組織化していたので，ロッチデール公正先駆者組合以来の長い伝統に基づいた利潤分配方式である「購買高配当」（「利用高に比例した割り戻し」）を実施し，組合員に喜ばれていました．この購買高配当方式は，各消費者協同組合の組合員にとって一種の「銀行口座」のようなものであって，銀行と縁のなかった当時の労働者階級の貯蓄に貢献し，また組合員の出資金として大いに役立ったのです．この購買高配当の方式は，消費者協同組合運動にとって，1つの歴史的な「協同組合のアイデンティティ」であったのです．

　これに対して労働者生産協同組合陣営にしても1850年代に展開されたキリスト教社会主義に基づいて協同組合運動の歴史を創りだしてきた自負もあり，また衣類や靴の製造それに印刷などの領域において一定の生産能力を擁していましたので，「労働に応じた利潤分配」を，労働者が自らを個人的労働の束縛から解放して協同に基づく「生きた人間のパートナーシップ」を構築する，という「協同組合のアイデンティティ」を重要視するキリスト教社会主義の理念に則って実施してきました．

　このように，「利潤分配」論争は，当時の協同組合人にとっては決して軽視できない1つの重要な「協同組合のアイデンティティ」に基づくものであったのです．イギリスにおけるこのような利潤分配方式をめぐる論争がICA創立の過程とICA大会とに持ち込まれたことによって，この論争が，結局，1904年のICAブダペスト大会まで続いたという事実を，現代の協同組合人は忘却の彼方に置き去りにしてはなりません．

ていく機会は大いにあったように思えるのですが，しかしながら，それぞれの国の協同組合運動の形態や機能の相違，また協同組合の経済的，社会的な能力や地位の相違が協同組合運動の「国際化の準備」を妨げていたのです．したがって，協同組合運動の国際連帯組織化の機が熟すまでイギリス協同組合大会を中心に，フランス，イタリア，ドイツなどの協同組合の相互の人的交流が国際連帯を促進する「橋渡しの役割」を果たしたのです．

協同組合運動の国際連帯がヨーロッパ諸国の協同組合人によって希求された背景には「協同組合間の協力・協同と国際平和の促進」という協同組合運動の「二重の目的」を遂行しようとの協同組合人の大きな願望がありました．この二重の目的こそが，当時のヨーロッパの協同組合人にとって，ヨーロッパで展開されている協同組合運動の国際連帯を促進させ，普遍化させていく「協同組合のアイデンティティ」に他ならなかったのです．しかしながら，その二重の目的にしてさえも国際連帯の統一を実現する運動の規範に容易にはなり得なかったのです．だが，それでもなお協同組合人は国際連帯に向けて葛藤し，ICAの創立のために努力したのです．

ICAの創立に向けての本格的な展開は1884年に開催された第16回ダービー大会から始まりました．この大会で協同卸売組合（Co-operative Wholesale Society: CWS）会長のJ.T.W.ミッチェルは，ホリヨークの支持を得て，次のように提案しました．「本大会は，イギリス協同組合連合会（Co-operative Union）と恒常的な関係を確立したい，とのパリの協同組合人の申し出に満足を表するものであり，次回大会に提示される計画に基づいて，そのような関係の確立に必要なすべての手続きを取るよう，委員会に委任する」．そして翌85年の第17回オルダム大会にフランスから2名の代表者が参加したので，オルダム大会は，同年に開催される第1回フランス協同組合大会にイギリスの代表としてイギリス協同組合連合会会長のE.V.ニールとホリヨークが参加することを決定します．そして同時にオルダム大会は，海外における協同組合運動の情報を収集するために，グリーニングを委員長とする「海外調査委員会」の設置を決めました[2]．

1886 年の第 18 回プリマス大会へのフランス消費協同組合ニーム派の E.de ボアヴの参加は，ICA の創立に向けて大きなステップとなりました．ボアヴはフランス協同組合大会の正式な最初の代表として参加したのです．そして彼は「3 年以内に，マンチェスターあるいはロンドンに国際協同組合指導委員会を設置して」，ヨーロッパ，オーストラリアそれにアメリカにおけるすべての協同組合センターを（イギリスの）大会に招聘し，各国の協同組合運動の状況について情報を共有するよう提案・承認されます．この提案に従って，イギリスではオルダム大会で設置された「海外調査委員会」が早速活動することになるはずでした．ボアヴはその後，「国際協同組合連合」設立準備のために，総合センターをパリに，特別センターをマンチェスター，パリ，ミラノに設置することなど 6 項目から成る「国際協同組合連合促進計画」を提案し，この提案はフランスおよびイタリアの各協同組合大会で承認されます．ボアヴのこのような行動力は ICA 創立の具体化へとヨーロッパ各国の協同組合人を動かしました．

1887 年のカーライル大会は ICA 創立への歩みにとって重要な大会でした．この大会でボアヴは，「協同組合同盟」創立の目的が「協同組合間の協力・協同と国際平和の促進」という「二重の目的」の遂行にあることを再度強調しました．ニーム派のもう 1 人の指導者シャルル・ジードがボアヴのこの目

表1　ICA 創立前史

年	内容
1869	第 1 回イギリス協同組合大会
1884	第 16 回大会（ダービー）
1885	第 17 回大会（オルダム）
1885	第 1 回フランス協同組合大会
1886	第 18 回イギリス協同組合大会（プリマス）
1887	第 19 回大会（カーライル）
1892	労働アソシエーションの「国際同盟」を設立する会議
1893	協同組合の「国際同盟会議」
1895	第 27 回イギリス協同組合大会（ハッダーズフィールド） 第 1 回国際協同組合大会（ロンドン）（第 1 回国際協同組合同盟（ICA）大会）
1896	第 2 回国際協同組合同盟大会（パリ）

的意識を共有していることについてはイギリスの協同組合人のよく知るところでしたので，カーライル大会は，ボアヴの提言を受けて，(1)協同組合運動の発展と社会的，国際的平和の促進のために「国際協同組合同盟」を創立すること，(2)「協同組合同盟委員会」を設置し，社会平和と国際平和に関わる問題について情報を伝え，議論し，意見交換を行うことなどを決議しました．こうして，ボアヴやジードの目にはイギリスの協同組合人たちがICAの創立に向けた活動を積極的に進めていくように映ったのです．

　しかしながら，オルダム大会の決議によって設置された「海外調査委員会」も「協同組合同盟委員会」も不活発でした．その理由をニールは，「社会改革を生みだすために協同組合人が追求してきた原則と方法の概念(コンセプト)の定式化も，またさまざまな国の協同組合で受け容れられる原則と方法の概念の定式化も時期尚早であった」と述べています．ニールがあげたこの理由は，後で言及するように，労働アソシエーションとCWSとの「利潤分配をめぐる対立」を暗示しているのです．事実，この対立は第1回ICA大会で明確になります．

　それにもかかわらず，イギリス以外のヨーロッパ諸国の協同組合人は協同組合運動の国際連帯に対する願望をますます強くしていきました．したがって，労働アソシエーションとCWSの指導者も，またその他の協同組合人もイギリス協同組合の内部対立を一応避けようとします．1895年7月のハッダーズフィールド大会の次のような決議はそのことを示唆しています．(1)イギリス協同組合連合会はイギリス部会を組織してイギリスの協同組合に関する情報を扱う．また海外調査委員会は国際同盟規約の最終決定まで国際同盟の執行委員会に参加し，第1回国際大会の組織化に努力する．(2)イギリス協同組合連合会会長は第1回国際大会の共同招集者となる．(3)イギリス協同組合連合会会長は国際大会への支援を要請する回状を各協同組合に送付する．(4)海外調査委員会のメンバーは国際協同組合同盟を成功裡に設立する可能性を判断するために国際大会に参加する．このような決議を受けて，国際協同組合大会の開催が実現するのですが，「利潤分配」論争の火種は依

然として残されたままです．例えば，1892年に労働アソシエーションのグリーニングとニールは，「資本と労働のコ・パートナーシップ」に基づく労働者生産協同組合の「国際同盟」を設立する会議を招集（フランスからニーム派のボアヴも参加）して，「労働に応じた利潤分配」を認める労働者生産協同組合の「国際同盟原則」と「国際同盟創立」とを承認するための会議の招集を決定し，また同年8月の会議では1893年にイギリスにおいて第1回国際大会を開催することが確認されました．こうして1893年開催の第1回国際大会が議事日程に上ることになります．

しかし，2つの理由で1893年の国際大会の開催は延期されます．1つはニールの死です（1892年9月）．もう1つは，グリーニングの協力者でICA初代会長に選任された『庶民銀行』の著者H.W.ウルフが消費者協同組合と協同組合銀行など他の協同組合の大会参加を要請したことです．グリーニングはウルフの要請を受け入れて大会を延期し，その代わりに1893年8月に「国際同盟」の名で会議を招集しました（フランス，アイルランド，ベルギー，イタリア，ドイツそしてオランダの代表が参加）．この会議において，アイルランド代表のH. プランケットが同盟の範囲に消費者協同組合，農業協同組合，信用協同組合等を含めるよう提案し，またホリョークが国際同盟の正式名称を「国際協同組合同盟」とするよう提案し，承認されます．

こうしてICAが誕生し，1894年に第1回ICA大会を開催することも決定されましたが，今度はイギリス協同組合連合会がICAの人事に不満を示したために，ICA執行委員会は連合会会長のE.グレイを大会会長に任命しました．これによって連合会の大会参加への保証が得られることになり，ここに漸く1895年8月に——1869年に開催された第1回イギリス協同組合大会と同じ会場において——歴史的な「第1回国際協同組合大会」（「第1回国際協同組合同盟大会」）が開催されることになったのです．

(2) 「第1回国際協同組合大会」と利潤分配問題

ところで，冒頭で述べたように，私たちが一般に「第1回国際協同組合同

盟大会」と呼んでいる大会の正式名称は「同盟」が抜けている「第1回国際協同組合大会」です．なぜ「同盟」が抜けてしまっているのでしょうか．それには2つの大きな理由が考えられます．1つは，あれほど協同組合運動の国際連帯の促進に心血を注いできたフランスの消費協同組合ニーム派の指導者であるボアヴとジードが参加せず，またイギリスの消費者協同組合を代表するCWSの協同組合人も実質的に参加しなかったことです．このことはウルフやプランケットの提案が実行されなかったことを意味します．

　もう1つの理由は，大会会長を務めたE.グレイの大会の冒頭発言の短い言葉に見て取れます．「本大会の目的は，国際協同組合同盟を創立するための方法を準備することであり，また現にさまざまな国で採られている協同組合運動の方法について世界中の協同組合の同志が広く知識を持つことができるようにする機関を整備することである」．グレイのこの言葉が意味していることは，この大会の目的は「ICAの創立」を確かなものにするための「方法を準備する」こと，すなわち，ICA創立のための手続きを承認してもらうこと，および世界の協同組合運動についての情報を収集あるいは集約し，公表する機関としてICAを承認してもらうこと，これです．このことは，この大会で「国際協同組合同盟の原則」（ICA原則）を承認してもらおうと考えていた労働アソシエーションのホリヨーク，グリーニングそれにラドローと大きな認識の相違があったことを示しています．グレイにとって，「同盟」は未だ創立途上にあるのだから，この大会で「同盟の創立」の方法・手続きを確定することが彼の大会会長としての任務に他なりませんでした．他方，ホリヨークやグリーニングそれにラドローにとって，「第1回大会の開催」という事実それ自体が「同盟の創立」を印すものであり，したがって，この大会の任務は，各協同組合（あるいは協同組合人）の加盟資格を決める「協同組合原則」を確定することであったのです．実際，両者のこの認識の相違は大会4日目に「原則問題の混乱」となって現れます．

　グレイは，イギリスの協同組合運動だけでなく，ヨーロッパ諸国や他の地域の国々の協同組合運動の特徴と動向をよく理解していました．彼はこう述

第 2 章　協同組合のビジョンとアイデンティティの歴史　　　45

べています[3]．

> イギリスの協同組合運動は消費者協同組合の領域では他の国々の「教師」たるに値するけれど，他の部門では諸外国の協同組合運動から多くを学ばなければならない．イタリアの協同組合運動からは労働者協同組合や協同組合庶民銀行の例を，ドイツの協同組合運動からは信用事業の展開を，小規模農民を励ましているデンマークの協同組合運動からは乳製品を生産している協同組合工場の管理・運営を，フランスの協同組合運動からは労働者協同組合工場，とりわけパリ郊外のギーズに設立されているJ.B.A. ゴダンの労働者協同組合工場の管理・運営を学ばなければならない．

　協同組合連合会会長であり大会会長でもあるグレイは心中穏やかではなかったかもしれませんが，彼は筋を通しました．この大会に利潤分配問題で労働者生産協同組合・労働アソシエーションと対立していた消費者協同組合・CWS の協同組合人が実質的に参加せず，またフランスの消費協同組合の指導者であり，国際連帯の促進に尽力してきたボアヴとジードも参加しないまま，しかも労働者生産協同組合のゴダン派の協同組合人が参加している状況の下で，両者の「対立の構図」を際立たせることだけは避けなければならない，とグレイは考えたのです．

　グレイは「労働に応じた利潤分配」にも理解を示していました．「資本に対して支払われる利子を控除した後の，年々得られる利潤の一部を労働者に分配する計画は，資金（出資金）調達上だけでなく，スタッフ（組合員）全員による同胞愛と相互の有用性という感情を生みだすのにも満足のいくものである」[4]と彼は主張していました．「利潤の購買高配当」も「労働に応じた利潤分配」のいずれも是としていたグレイは，しかしながら，CWS の協同組合人とニーム派のボアヴとジード，それにドイツ消費協同組合連合会の不参加の下で「労働に応じた利潤分配」を——正確に言えば，利潤の「購買高

配当」と「労働に応じた分配」の双方を——協同組合運動の国際的な原則に加えることを決議するのは，国際協同組合運動の分裂を招いてしまうことになり，大会はかかる事態を絶対に避けなければならない，と考えたのです．そしてグレイの努力は報いられることになります．

　大会4日目の午後，労働者が出資し，経営に参加し，剰余（利潤）を処分する「労働の権利」に基づく「資本と労働のコ・パートナーシップ」を国際協同組合運動の原則とするよう主張してきたグリーニングをはじめとする労働アソシエーションの協同組合人は，国際協同組合同盟規約準備委員会に議案を提出するよう要請し，準備委員会はそれに応えて議案を読み上げました．「国際協同組合同盟は，財産，自由および利潤への参加の原則を基礎にすべてのその形態で協同と利潤分配を促進するために，故エドワード・ヴァンシタート・ニールとその同志たちが開始した事業に現在あるいは将来も奉仕する協同組合組織と協同組合人とによって創立された．第1回国際協同組合大会の諸決議は同盟の諸規則の準備並びに実施のための基準として役立つであろう」[5]．

　この提案で問題となったのは「すべてのその形態で協同と利潤分配を促進する」という文言でした．というのは，この文言は，利潤分配が「労働に応じた分配」でも「購買高配当」でも「協同を促進する」分配方式であることを承認することになるので，「労働に応じた利潤分配」を承認しない——しかもこの大会に不参加の——CWSの主張が同盟から事実上排除されてしまうような事態は避けなければならない，とのことを意味していたからです．そしてまさにその時に，イギリス協同組合運動における男女平等のみならず，イギリス社会における男女平等もまた追求してきた協同組合の女性組織「女性ギルド」の代表として参加した唯一の女性キャサリン・ウェッブが発した，その場の雰囲気を察した言葉が，この論争に決着をつけたのです[6]．

　　労使の争議を引き起こさない平和な秩序が，もっと言えば，人間の同胞愛が成し遂げられるために，同盟は協同組合の原則を受け入れる人であ

> **コラム**
>
> ### 利潤分配論争（2）
>
> 　第1回ICAロンドン大会では，利潤の「購買高配当」（「利用高に比例した割り戻し」）を主張する消費者協同組合・CWS陣営の人たちが実質的に参加しなかったために，主に労働者生産協同組合・労働アソシエーション陣営の「労働に応じた利潤分配」方式についての議論がなされました．そのため，イギリス協同組合連合会会長でもあり，この大会の会長でもあったE.グレイは，「購買高配当」であれ「労働に応じた利潤分配」であれ，利潤分配についての議論はともかく，ICAの原則としての利潤分配方式それ自体を決定させることを回避させました．彼は，イギリスにおける協同組合運動のなかにも，また国際協同組合運動のなかにも対立や亀裂の原因を決して持ち込ませないよう大会運営に努めました．
>
> 　例えば，グレイは，彼個人としては，「労働に応じた利潤分配」について，「資金（出資金）調達上だけでなく，スタッフ（組合員）全員による同胞愛と相互の有用性という感情生みだす」との理解を示して，イギリス，フランスそれにイタリアで実践されているこの「利潤分配方式」をヨーロッパ諸国の「雇用主」（経営者）に知らせ，「雇用主と労働者の間でしばしば起こる混乱の真の解決」を図るためにプロパガンダするよう大会参加者に説いています．グレイはさらに，現行の賃金制度は「利己心を助長し，他者への奉仕と義務の意識を消失させ，その結果，人間本性の持つより高次の道徳的側面の発展を妨げる」制度であるとし，（フーリエ主義者の）J.B.A.ゴダンのファミリィステールの制度を高く評価して，次のように主張しています（この大会に参加したのは主にフランス協同組合の代表者はゴダン派の協同組合人でした）．
>
> 　「私は，ゴダンの経験から，（現行の労働制度によって）産業自動装置人間に変えられてしまった労働者に新たな生命を吹き込み，人間性を取り戻させる唯一の方法は，労働者が狭い個人的な利害に縛られた『雇われ者根性』を捨て去って，偏見のない，そして大きく広がる同感と結びついたパートナーシップへと自らを変革していくことだと確信している．そのようなパートナーシップこそ，労働者が従事する産業で生みだされた利益（利潤）をパートナーシップの成果であるとみなすようになるのであり，またその利益（利潤）が他者の福祉に寄与するよう願うパートナーシップなのである」（*Report of the First International Co-operative Congress*, p. 46）．

れば誰もが参加することができるようにすべきだということ，これが私たちの考えなのです．……もしこの決議に利潤分配が含まれることによって，ある協同組合人が同盟によって協同組合に与えられる利益に参加することから排除されるとするならば，その部分は削除されなければなりません．

　ウェッブの主張はグリーニングたちを動かし，結局，この準備委員会の議案は差し戻され，利潤分配の原則については引き続き議論されるが，当面は「ICA 加盟資格」としてその原則の承認を表明するには及ばない，ということになりました．グリーニングが総括したように，利潤分配問題は「小異を残し，大同に就く」ことができたのですが，しかし，この問題は 1904 年の第 6 回 ICA ブダペスト大会まで続くことになります．
　利潤分配問題をめぐってこのような混乱を見た「第 1 回国際協同組合大会」でしたが，イギリス国内における協同組合運動の分裂の危機だけでなく，国際的な協同組合運動の分裂の危機をも避けることができ，ICA は翌 1896 年に舞台を第 2 回 ICA パリ大会に移します．こうして「第 1 回国際協同組合大会」は「第 1 回 ICA ロンドン大会」として ICA 創立の誇るべき第 1 回大会としてその歴史に刻まれることになったのです．

(3) 協同組合人の葛藤と努力の道程：ロッチデール原則

　これまで見てきたように，紆余曲折を経て漸く実現した ICA の創立は，持続可能な協同組合運動を世界的規模で展開させることを可能にした最も古い，しかも最も重要な契機の 1 つだと現代の協同組合人の誰もがそう考えています．実際のところ，まさにその通りであって，現代協同組合運動の世界的な展開と，各国において——それぞれ強弱・大小はあるけれど——経済-社会的な機能と役割を果たしている事実は多くの政府だけでなく国連も認めているところです．
　また，後で見るように，1960 年代の初めから 90 年代半ばまでの比較的短

い期間の現代協同組合運動を取り上げてみただけでも，多くの協同組合人が相互に関連したさまざまな国内的，国際的な課題や問題の解決に大きな力を払ってきていることに照らして考えると，国際組織としてIOC（国際オリンピック委員会）と相並ぶ長い歴史を持っているICAの初期の時代や時期にはさぞかし現代に倍する困難や難渋に出会ったことだろう，と私たちは想像してしまいます．

　実際のところ，それは想像通りであって，ICAは，すぐ前で述べたように，既にその創立以前に，組織の性格や目的をめぐってイギリス国内で消費者協同組合を代表するCWSと労働者生産協同組合を代表する労働アソシエーションとの間で激しい論争を展開していましたが，その論争の中心は「利潤分配」のあり方についてでした[7]．CWSは「購買高配当」による利潤分配のみを認める論理であり，他方，労働アソシエーションは消費者協同組合の「購買高配当」を認め，したがって，労働者生産協同組合やCWS工場の労働者への「労働に応じた利潤分配」（実質的には「賃金に応じた分配」）を承認するよう主張して譲りませんでした．この「利潤分配」論争は，両者の協同組合イデオロギーに直接関わるものですから，なかなか妥協点を見いだすことができませんでした．その結果，1895年に労働アソシエーションのイニシアティヴによって開催されるに至った第1回国際協同組合大会（第1回ICAロンドン大会）には，CWS側の代表とイギリスの協同組合を代表する協同組合連合会は実質的に参加せず，またICA設立の計画案を1884年から練ってきたフランスのニーム派の代表であるボアヴもジードも参加しませんでした[8]．それでも，翌年の第2回パリ大会にはボアヴやジードも，またロシアの代表としてトルストイも，さらにドイツからはハンス・クリューガーなども参加して，イギリスの労働アソシエーション代表の，コ・パートナーシップによる利潤分配を主張するグリーニングやラドローたちとの議論を通じて「ICA規約」の決定を見ようと努力するのですが，ここでも結局，ICA規約は一応の決定を見たにすぎませんでした．「一応の」という意味は，承認されたICA規約の条項の範囲にイギリスとフランスの代表の間に食い

違いがあったからです．労働アソシエーション中心のイギリスの代表は「第1条から33条までの全条のICA規約が承認された」としていますが，ニーム派中心のフランス代表は「第1条『ICAの目的』と第2条『政治的，宗教的中立』を承認した」としているのです．どうしてこのよう食い違いが生じたのか，理由はよく分かりませんが，その背後に労働アソシエーションとCWSの間の「利潤分配の論争」があったことは確かでしょう．また大会報告書がフランス語版のみであるのも第2回大会だけです．

いずれにしても，第1回大会および第2回大会の状況は，もとを糺せば，イギリス協同組合運動内部における利潤分配をめぐる協同組合イデオロギーの対立が国際的な協同組合運動に与えた影響ということになりますが，この影響が1904年の第6回ブダペスト大会まで続いてしまったことから，協同組合人は協同組合イデオロギーの「多様性のなかの統一」というコンセプトの重要性を思い知らされるのです．その思いは，後述する「虹の旗」と「国際協同組合デー」に表現されることになります．

1907年に開催された第7回クレモナ大会は国際協同組合運動の1つの転換を予兆する大会となりました．スイス代表のハンス・ミュラーは「ICAは参加各国のCWSによる国際的な共同購買の可能性を検討すること」を提案し，またベルギー代表のM.バートランドは，ICA大会で初めて「ロッチデール公正先駆者組合の原則」という言葉を用いて，ICAの主流は消費者協同組合運動であることを正当化する次のような提案を行いました．「クレモナ大会は次のことを考慮する．すなわち，ロッチデール公正先駆者組合の原則に基礎を置く協同組合は，(1)できる限り安価で良質な生産物を販売する，(2)実現された利潤（剰余）を購買高に応じて消費者（組合員）に払い戻す，(3)特定の目的のために留保されている利潤の一部を教育および連帯のために活用する」．バートランドのこの提案が与えた影響は小さなものではありませんでした．というのは，彼の提案は「ICAは先駆者組合のイデオロギーを引き継ぐのだ」との印象を25カ国の参加者に与えたからです．

1910年の第8回ハンブルク大会は，第2回パリ大会で決定された「ICA

規約」を改正し，それに代わる ICA 規約を満場一致で承認します．この ICA 規約は，ハンス・ミュラーの尽力によって作成され，彼はこの規約を「新しい規範(コード)」と称したほどです．この第 8 回大会で漸く「ICA の機能・役割と運営が企図されている ICA 規約」が成立したという事実は，協同組合の発展を願う同じ志を持った人たちが結集している組織であってもなお，国際的な運動を 1 つの目標に向けてまとめることの難しさと同時に，それを乗り越えていく協同組合人の粘り強い努力と気概とを身をもって私たちに教えてくれているようです．

　第 9 回グラスゴー大会は 1913 年 8 月に開催されました．既にこの時にはヨーロッパ世界は混沌としており，迫り来る戦争（第 1 次世界大戦）の徒ならぬ空気が漂っていました．この空気は ICA 大会にも及び，大会での議論は低調であったと記されています．

　第 1 次大戦は ICA 大会の開催を中断させてしまいます．ICA 大会が再開されるのは 8 年後の 1921 年，スイスのバーゼルにおいてです．第 10 回バーゼル大会の主要議題は「社会主義革命後のロシア協同組合組織の ICA への復帰」と「ICA 規約改正」の問題でした．その他，バーゼル大会では ICA 執行部が再編されて，イギリス中心の組織からの脱皮が図られました．

　前者の議題については，ICA 中央員会は前年の 1920 年に「ロシアの協同組合組織から自立性と完全な自治とを奪っているすべての処置に反対する．自由かつ民主的な組織によって正当に派遣された人たちのみを協同組合の代表とする」ことを決議していましたが，この決議の承認がバーゼル大会まで延期されてしまったために，バーゼル大会で「ロシア協同組合組織の ICA への復帰」問題をめぐって激しい議論が戦わされました．結局，バーゼル大会は「大会に代表派遣を任命する唯一の権限はソヴィエトのセントロソユースにある」こと，および「ロシア協同組合運動と ICA との関係を封鎖している状態を解く」ことを提案し，激論の末にこの提案を承認しました．

　後者の議題については，「ICA が新しいニーズに応え，また戦後の事態や状況が ICA に要請している新しい機能に即応し得るようにする」ために

ICA 規約が検討され，その結果，「ロッチデール公正先駆者組合の理念と実践の継承」としての「ICA 規約改正」が取り上げられました．例えば，第 1 条の改正案は，「ICA はロッチデール公正先駆者組合の機能・任務を継続し，コミュニティ全体の利益のために組織され，相互扶助に基礎を置く協同組合システムが私的企業の現行の競争体制に取って代わるよう努力する」，というものです．また「法的構成に関わりなく」どのような組織が協同組合であるかを規定する「第 8 条の 1 項」は次のようになりました．「以下のロッチデール原則に適合する消費者協同組合．(a)各組合員が保有する出資金に関係なく，すべての組合員の平等な議決権．(b)出資金に対する利子制限を別にして，剰余（利潤）を組合員に購買高に応じて分配するか，共同の準備基金に充当するか，あるいは教育と連帯の任務に割り当てる」．ここで重要なことは，「ロッチデール原則」という言葉が使われていることであって，この「ロッチデール原則」という言葉は，第 7 回クレモナ大会で用いられた「ロッチデール公正先駆者組合の原則」という言葉をより一般化させた言葉使いだと言えるでしょう．バーゼル大会で使用された「ロッチデール原則」という言葉が「ロッチデール原則の定型化」の始まりである，と言われる所以です．以後，1924 年の第 11 回ゲント大会，1927 年の第 12 回ストックホルム大会，1930 年の第 13 回ウィーン大会において「ロッチデール原則」が時間をかけて議論され，ICA 原則としての「ロッチデール原則」の承認は時間の問題となっていきます．

1934 年の第 14 回 ICA ロンドン大会は実質的に「ロッチデール原則」を確定した大会でした．この大会に協同組合原則に関わる特別委員会の「ロッチデール協同組合原則の消費者協同組合への現代的適用に関する報告」が提案され，ロッチデール協同組合システムを構成する次の「7 原則」が提示されました．(1)開かれた組合員制，(2)民主的運営，(3)購買高配当，(4)資本（出資）に対する利子制限，(5)政治的，宗教的中立，(6)現金取引，(7)教育の促進．そして(1)〜(4)の原則は「本質的原則」であって，「協同組合運動の経済的基礎を構成する新たな経済体制」となる「企業の協同組合的性格の

試金石」であり，(5)～(7)の原則は「基準というよりはむしろ行動と組織の本質的方法」であって，「これら3つの原則を遵守しないことは企業の協同組合的性格を消失させる」ことになる，との説明がなされました．

こうして，1937年の第15回ICAパリ大会において，前回のロンドン大会で確定された「ロッチデール原則」を受けた「7原則」が提案・承認されました．国際協同組合運動に初めて共通の「協同組合原則」が協同組合人に示されたことによって，各国の協同組合運動を普遍的に発展させる「弾みの概念」が協同組合の事業と運動にもたらされ，協同組合のアイデンティティに基づいた協同組合のビジョンを創造する協同組合の経済-社会的な能力が高められていったのです．

⑷ 「虹の旗」と「国際協同組合デー」

平和と協同のエンブレム：虹の旗

ICAの歴史には協同組合人にとって決して忘れてならないもう「1つの歴史」があります．それは「平和と協同のエンブレム」としての「虹の旗」と「国際協同組合デー」です．「2つ」でなく，なぜ「1つ」なのかと言えば，「虹の旗」と「国際協同組合デー」は別々のことではないからです．それは「虹の旗」と「国際協同組合デー」の起源と背景を探っていくと分かります．まずは「虹の旗」の起源と背景を探っていきましょう．

ICAに「虹の旗」を協同組合運動のシンボルとして掲げさせる契機を与えたのは，第1次世界大戦によって余儀なくされた8年にも及ぶICA大会の中断およびその中断と連動したヨーロッパにおける協同組合運動の新たな課題の出現でした．中断後初めて開催されたバーゼル大会は，すぐ前で述べたように，社会主義革命後のロシア協同組合組織のICAへの復帰とICA規約改正の問題を扱い，処置することができました．しかし，ヨーロッパに再び不穏な空気が漂い始めます．協同組合運動が発展していたイタリアで1922年にファシスト政権が出現し，やがて協同組合の弾圧や暴力的な乗っ取りが行われるようになります．それでも，1923年に日本の産業組合中央

会とカナダの協同組合連合会がICAに加盟し，加盟国がヨーロッパ以外にも次第に広がっていきました．このような時期にICAの会長を務めた（オランダの）G.J.D.C.ゴエダールは，協同組合運動の発展を妨げている「3つの欠如」を指摘して，協同組合人は国際協同組合運動の発展のために何をなすべきか，訴えました．ゴエダールのこの訴えはやがて1923年7月7日の「国際協同組合デー」の祭典となって実を結びます．これについては後で触れます．

さて，「虹の旗」ですが，19世紀に遡る幾分長い歴史があります．「七色帯のスペクトル」と表現される虹の旗をICAのシンボルとして掲げるよう最初に提案した人物は，フーリエ主義者J.B.A.ゴダンが設立した，近代的コミュニティ「ファミリィステール」の指導者であったF.ベルナルドでした．彼は1896年の第2回パリ大会にフランス代表の1人として参加し，協同組合のシンボルとして「七色帯のスペクトル」を図柄とする「弓形（アーチ）の虹の旗」を提案したのです．前に述べましたが，この大会には第1回ロンドン大会に参加しなかったジードとボアヴも参加していたことから，彼らもベルナルドの「虹の旗」の提案に興味と関心を持ったことでしょう．というのは，「七色帯のスペクトルの虹」はフーリエ主義者には「統一性のなかの多様性」を意味したのですが，他の多くの協同組合人には多様な利害関係に調和をもたらし，したがってまた，世界の平和を約束する希望をもたらしてくれる「多様性のなかの統一性」を意味したからです．

『協同組合セクター論』を著したG.フォーケによると，ベルナルドは「虹の旗は人類の同盟の印（しるし）であり，われわれが目標とする社会改革の印でもある．協同組合の祭典において，また各国において，この旗は世界の友愛の表明としてひるがえる」と主張し，ICAに「虹の旗」を「平和と協同のエンブレム」（象徴的文様）として採用するよう提案しましたが，結局，受け容れられませんでした．

しかしながら，彼の提案はジードに受け継がれ，1923年2月にゲントで開かれたICA執行委員会で採用の決定がなされるまでジードは「虹の旗」

の意味と意義を説き続けたのです．ジードは彼のエッセイ『協同組合 12 の長所』で虹の旗についてこう語っています[9]．

> ロッチデールの先駆者たちの新生の娘である ICA は，やがて自らの旗を持つことになるだろうが，その旗の色はファランステリアン（フーリエ主義者）のそれと同じように，「統一性のなかの多様性」を象徴する七色帯のスペクトルとなるだろう．したがって，ICA の旗は，いわゆる「文明」国家のエンブレムとして使われている鷲，ライオン，ヒョウなどすべての猛獣の代わりに，握手する 2 人の人間をその紋章とするであろう．

1924 年 3 月，プラハで開かれていた ICA 中央委員会に招聘されたジードは，この「七色帯のスペクトル」の図柄はフーリエによるもので，正確に再生することは難しいために七色帯を白地に重ね合わせ，エンブレムとして星を 1 つ加えるよう提案しました．そしてベルギーの協同組合人によってジードの提案通りにデザインされた「ICA の虹の旗」が 1924 年の第 11 回ゲント大会と国際協同組合展覧会にその全姿を現したのです．しかし，残念なことに，翌 25 年 1 月にフランクフルトで開かれた執行委員会は，理由は不明ですが虹の旗の公式図柄を「水平なストライブの虹の七色を配した」図柄に決めてしまったのです．それが現在の「協同組合の虹の旗」なのです．

当時の協同組合人はこのような歴史的背景を持った「虹の旗」に何を表現しようとしたのでしょうか．その 1 つはジードの次の主張に見て取れます．「協同組合がその道を切り開こうと意図するのは，経済的，商業的な対立の廃止だけでなく，政治的，軍事的な性格の対立の廃止でもある．これは自由学派やマンチェスター学派の経済学者の目標である．彼らは自由な交換の統治を，またその論理的な帰結として，平和の統治を説いた．しかしながら，実際には，そのどちらの統治も未曾有の危機に瀕しているのである」．ジードは，競争がますます激しくなる自由経済システムを批判して，「自由な交

換の統治」も「平和の統治」も協同に基づく経済-社会システムによらなければ実現しない，と論じているのです．彼は協同組合運動による社会改革のインスピレーションを「虹の旗」に託していたのです．

　もう1つは，おそらく，現代に通じる協同組合人の願いであるかもしれません．すなわち，協同組合の組合員は，協同の力を通じて，すべての男女が個人的自由と社会的および経済的な正義と公正を，そして持続的な平和の下で自立しかつ連帯した生活を送る権利を保障され，生活の場である地域コミュニティの質を向上させていくことの期待を，この「虹の旗」に託したのです．

　ジードは自立，連帯，自由，平等，公正，それに地域コミュニティと生活の質の向上を目指す協同組合運動には不断の努力が求められることを「虹の旗」を通して当時の協同組合人に訴えたのですが，彼はまた現代の協同組合人にも，虹の旗がひるがえる所ではどこでも，協同組合原則に対する確たる忠誠を，国際的な見通しを持つ教養を，そして高潔なる勇気を持たなければならない，とそう語りかけているのです．

平和と協同のエンブレム：国際協同組合デーに虹の旗がひるがえる

　「国際協同組合デーに虹の旗がひるがえる」――このスケッチは「国際協同組合デー」と「虹の旗」の関係を生き生きと描いてくれています．なるほど，国際協同組合デーは虹の旗よりも1年早い1923年から始まっていますが，しかし，それでも両者は歴史的背景を同じくしているし，またイデオロギー的にも強く結びついているのです．

　前に述べたように，ICA執行委員会が国際協同組合デーを議題に取り上げたのは，1921年に開催されたバーゼル大会以後の国際情勢の変化と協同組合運動の国際的な進展を見据えてのことでした．そのために，その当時のICA会長ゴエダールは，協同組合の一層の発展のために「3つの欠如」を克服するよう主張して，協同組合の進むべき道を切り開くよう協同組合人に訴えたのです．「3つの欠如」とは，第1に「民衆一般の間での協同組合に関

わる情報の欠如」，第2に「協同組合の組合員の間での知識の欠如」，そして第3に「（協同組合の）経営陣の間での深遠な協同組合イデオロギーの理解の欠如」です．ゴエダールは，これら3つの欠如を克服してはじめて協同組合はその進むべき道を切り開くことが可能であると強調し，こう付け加えました．「これらの悪弊（3つの欠如）を矯正するために何事かがなされ得るのだろうか．もしなされ得るのだとすれば，最良の方法はプロパガンダによるものだと思われる．そのプロパガンダは，その時々の協同組合運動の生き活きとした描写に見られるように，協同組合運動を象徴する理想，協同組合運動の目的の現実的意義，それにわれわれが現に生活している社会よりもずっと改善された人間的な社会を実現する方法を組合員の心と気持ちだけでなく，組合員以外の人たちの心と気持ちにもまた埋め込んでいくものでなければならない」，と．

このように，ゴエダールは，協同組合運動のより大きな国際的展開を期待し，組合員だけでなく組合員以外の一般民衆にも協同組合の理念と社会的意義，そして協同組合による社会改革の実現をプロパガンダすることによって「3つの欠如」の克服を提案したのです．それはまた，迫りくるファシズムの靴音とヨーロッパの政治地図の変化に対峙するために，可能な限り多くの民衆に協同組合のアイデンティティを告げ知らせ，協同組合をしてより人間的な経済と社会を実現していくことの必要性を協同組合人に知らしめようとしたのです．そのために彼は世界の協同組合人に，「われわれが現に実践していることについて，また世界全体の状況について，世界の人びとの注意を引くために，あらゆる町や村で，同じ日にプロパガンダ・デーを開催する手はずを整えよう」と訴えたのです．

1922年10月，ドイツのエッセンで開かれたICA執行委員会は「7月の第1土曜日」を「協同組合人の日」とすることを決定し，翌23年7月7日の最初の「協同組合人の日」に最初の「国際協同組合デー」がイギリス，フランス，ベルギー，スイス，イタリア，セルビア，スペイン，ソヴィエト，アルゼンチンなどの国々で挙行されたのです．そしてゴエダールはこの日のた

めに世界の協同組合人に「協同組合運動の促進，国際連帯，平和，平等，人間的な経済」を織り込んだ次のようなメッセージを送ったのです[10]．私たちは，ヨーロッパと世界の迫り来る危機を予兆した彼のこのメッセージを現代においてもなおはっきり捉えることによって，「国際協同組合デーに虹の旗がひるがえる」ことの意義と意味の双方を再確認しなければならないでしょう．

> ICA は，多数の協同組合組織会員の同意を得たので，「毎年1度の祝賀とプロパガンダの祭典」を挙行することを決定した．この祭典は，全世界の人びとに，協同組合人の連帯と協同組合の組織力が経済的解放の手段となっていくことを，また世界平和の保障となっていくことを明示する効果を発揮するであろう．民主主義，公正な分配，それに協同に基づく富の生産という協同組合の理想は次第に目に見えるようになってきている．それゆえ，世界的な危機の下でも協同組合の組合員の利益のためだけでなく，人類の福祉のためにも，いまこそ，協同組合人にとって，協同組合の力量を強化し，協同組合による普遍的な利益を拡大し，したがってまた，協同組合による国際的連帯の広がりを証明することが絶対に必要である，ということを国民的な承認事項にしていかなければならないのである．

(5) レイドロー報告から ICA 声明へ

これまで私たちは，ICA の創立をめぐる協同組合人の葛藤と努力，それに創立された ICA の第1回大会（1895年）から第15回パリ大会（1937年）までの，国際協同組合運動の大きな流れを創りだしてきた協同組合人の葛藤と努力を見てきました．私たちはそのような ICA の長い歴史の大きな流れを見るにつけ無限の感慨を覚えざるを得ないのです．だが，そのように長い歴史を経てきた ICA にしてさえも，グローバリゼーションの影響をまともに受けている現代協同組合運動の舵取りは生易しいことではないのです．そ

のことは，これから考察します1960年代から現在までの現代協同組合運動の動向とICA大会の内容とに見て取れるのです．それはまさに過去のICAの軌跡に匹敵する，現代協同組合人の「困難と難渋のなかでの葛藤と努力」と言うべきものであり，したがってまた，現代協同組合人の誇りとすべきものでもあるのです．

　1995年9月，ICAは，イギリスのマンチェスターにおいてICA100周年記念大会を開催し，「協同組合のアイデンティティに関するICA声明」（以下，ICA声明）を満場一致で採択しました．それは，第6章で論及されるように，協同組合人が「あらゆる種類の協同組合がその下で活動できる一般的な枠組み」として理解することができる「ICAの定義・価値・原則」を承認することにより，持続可能な協同組合運動の新しいビジョンを創造していく努力の宣言でした．

　21世紀を目の前にして謳われたこのICA声明には，じつは，その先駆的役割を果たした2つの歴史的な「ICA大会文書」がありました．1つは1980年10月に開催された第27回ICAモスクワ大会において採択されたA. F. レイドローの『西暦2000年における協同組合』（以下，レイドロー報告）であり，もう1つは，1992年10月にヨーロッパ以外の国で初めて開催された第30回ICA東京大会において採択されたS.Å.ベークの『変化する世界における協同組合の価値』（以下，ベーク報告）です．

ICA原則の改定に向けて：レイドロー報告

　レイドロー報告には「協同組合原則」と「協同組合の本質」に関わる2つの主要な論点があります．後者については後で論及しますので，ここでは前者の，1966年の第23回ICAウィーン大会において承認された「ICA6原則」（第1原則：自由加入制，第2原則：民主的管理，第3原則：出資金に対する利子制限，第4原則：剰余金分配の基準，第5原則：協同組合教育の重視，第6原則：協同組合間協同）に関わる論点に言及することにします．

　レイドロー報告は，この「ICA6原則」（「1966年原則」）が多くの協同組

合人にとって「満足のいくものとなっていない」と主張し，その限界をこう論じました.「1966年原則」は主として2つの欠陥から生じている．すなわち，(1)これまでの慣行を原則の水準に格上げさせてしまったこと，(2)主として消費者協同組合（生協）に準拠しており，農業協同組合，労働者協同組合（ワーカーズ・コープ），住宅協同組合など他の種類の協同組合に同じように適用することができないこと，である．そして「協同組合原則は運営規則ではなく，基本的な指針の表明として定式化され，すべてのタイプの協同組合に適用される最低必要条項として設定されなければならない」，とレイドロー報告は「1966年原則」を改定することの必要性を指摘したのです.

　レイドロー報告がなぜ原則改定に拘（こだわ）ったのか，その理由は次の件（くだり）が教えています．「もちろん，われわれは協同組合イデオロギー（協同組合に対する信念や意見それに心的態度）をただ単に繰り返し思いめぐらしていればよいというのではない．われわれは協同組合イデオロギーを批判的に吟味し，時には擁護し，また必要な場合には修正して，それを進化させるために再検討するのである．総じて言えることであるが，方法，規則それに慣行は，原則に反するようになっても，その有効性や有用性がなくなってしまったずっと後まで，協同組合運動において惰性で続けられるのである」．この件にはレイドロー報告の有名な「3つの危機」，とりわけ現在の協同組合が直面している「第三の危機」，すなわち，協同組合人は「協同組合の真の目的を見失っていないか」，あるいは協同組合は「他のものとは違う企業として独自の役割を果たしているのか」という疑問に苛（さいな）まれて起きている「（協同組合の）イデオロギーの危機」という背景があることを私たちは認識しておかなければなりません.

　またこの件が意味していることは，協同組合運動には「導きの星」としての指導原則が必要であるとしても，その指導原則は「協同組合の表面」ではなく，「協同組合の本質」を絶えず追求していくものではければならない，ということです．言い換えれば，「1966年原則」は，実際の協同組合の事業と運動にとって「協同組合の本質」を追求しかつ映しだす働きをしておらず，

むしろ「協同組合の表面」を言い繕っているように思える，とレイドロー報告は強調したのです．

こうして，レイドロー報告の指摘は1988年の第29回ICAストックホルム大会で採択された『協同組合と基本的価値』（マルコス報告）と1992年10月（27～30日）に開催された第30回ICA東京大会で採択されたベーク報告に受け継がれます．

ベーク報告もまたICA原則の改定に関わる部分で再び「協同組合の本質」を取り上げました．ベーク報告がなぜ協同組合の本質を取り上げたのかと言えば，協同組合の事業と運動の発展は，協同組合人が協同組合の本質を探究し理解することなしに達成されない，と思われたからです．ベーク報告は次のように論じています．「世界の協同組合セクターの大部分が民主主義，参加それに動員の効果的な適用を目指しても，次第に困難を覚えるようになってきた．民主主義，参加，動員は，伝統的な協同組合の価値のコアを成す平等，公正，相互の自助を表現する支柱だと常に考えられてきたのであるから，これはますます重大な問題になっていくであろう」．

ではなぜ，協同組合人は，民主主義や参加それに——「組合員や協同組合に固有の組織的および経済的な諸資源を事業と運動の目的に向かって結集させる行為全体」を意味する——動員を困難であると覚えるようになってしまったのか，とベーク報告は問い，そしてこう分析しました．1960年代の初めに起こった流通革命に対して，ICA大会やICA中央委員会は「組合員の社会的，経済的な利益を守るための最善の方法として外部環境への積極的な適応」を勧告し，「競争相手より一歩先んじるよう，協同組合構造の根本的な改革」を求めました．これが1960年の第21回ICAローザンヌ大会においてICA会長であったM. ボノーが提起した「協同組合の構造改革」（『変容する世界の協同組合』）です．「1966年原則」はこの構造改革路線の産物なのです．

しかしながら，この構造改革路線は基本的に成功しませんでした．構造改革路線によって組合員の参加や協同組合教育が実質的に弱体化していくので

はないか，との「民主主義を危ぶむ声」は当初から聞かれましたが，この改革路線が押し進められていくに従って，「民主的基盤の活力を全面的に維持していくことが困難になっていった」のです．すなわち，「資源の集中化，管理・運営単位の拡大と統合の強化，サービスの中央管理，連合による力，経営プロフェッショナルの育成」といった具体的な構造改革は，協同組合の基盤である組合員のさまざまな部門への参加を結果的に排除してしまったのです．この傾向は1970年代末から80年代にかけて一層強まり，「経済効率のために資源の集中利用が一段と強化され」，そのために「民主主義の弱体化が構造的な傾向となって恒常化した」のです[11]．

　1960年代の国際協同組合運動の指導者であり，またスウェーデン協同組合の代表でもあったボノーの「構造改革」路線を同じスウェーデン協同組合の代表のベークが，1990年代の初期とはいえ，このように分析し批判したのですから，ベーク報告は，レイドロー報告の「1966年原則」改定の指摘を受けとめ，第6章で見るように1995年のICA 100周年記念マンチェスター大会での「ICA声明」に記された「協同組合の定義・価値・原則」の確定に繋ぐ「橋渡しの役割」をしっかり果たした，と言うべきでしょう．

　ベーク報告は，したがって，「構造的な民主主義の弱体化」をいかに矯正し，参加や動員を回復させるか，そのための重要な視点を明示します．それが「参加型民主主義の再活性化」です．協同組合人は「協同組合の発展はアイデンティティと自治（オートノミー）のための諸条件がその内部において絶えず再創造され，再発見されなければならない過程（プロセス）である，と意識的に考えなければならない」とベーク報告は主張します．これは，1990年代に縮小したり消滅したりしたヨーロッパの「大型の協同組合」に見られたように，協同組合の中央集権化に対する警鐘でもありました．そこでベーク報告は，組合員が協同組合のアイデンティティを逞しくし，自発的な参加を求める契機あるいは条件として，(1)計画立案，(2)意思決定，(3)実行，(4)ニーズを満たすサービス，(5)資金調達，(6)利益，そして(7)評価と管理，を提示します．これらは組合員が担う，あるいは組合員が関与する「基本的機能」であるから，こ

れらの基本的機能を組合員が遂行できる諸条件を協同組合は組織構造と経営構造の転換を図りつつ再創造しなければならない，と第6章第2節で論及される「3つのアプローチ」（「制度・成果・過程のアプローチ」）と同じような視点を示します．

　ベーク報告は，単位協同組合のみならず2次・3次の協同組合組織における組合員参加のあり方，それに「組合員民主主義の枠内での意思決定や資本調達や福利への職員の参加」にも言及して，それらが組合員と職員の「協同組合アイデンティティと責任」に大きく関わってくることを強調し，次のように締めくくります．私たちはこれにレイドロー報告の影響を見て取ることができます．

> 未来を見つめるわれわれには協同組合全体の力を増進するための大きな潜在力が未利用のまま残されている．経済民主主義を目指して，こうした「協同組合全体としてのセクター・アプローチ」の可能性を一歩一歩探り，民主主義の発展のためにより意識的で実践的な戦略を適用することが求められる．ここで課題となるのは，各種のタイプの協同組合に見られる個別の弱みと強みとを補って，活力ある全体にまとめあげるために，どのように協力・協同し合い，どのような構造にすればよいのか，ということである．かの名高いモンドラゴン協同組合がそれを表現している．

　私たちは現在，第6章第1節で論及される，「ICA声明」が明確に述べている「協同組合の定義・価値・原則」を協同組合の事業と運動の確かな指針として持っています．このことは，ベーク報告が原則改定のための「橋渡しの役割」をしっかり果たしたことを意味しており，したがってまた，アジアで最初のICA大会となった東京大会がベーク報告を支えたことも意味しているのです．その意味で，日本の協同組合は「協同組合の定義・価値・原則」に伍して恥じない，持続可能で創造的な事業と運動を展開する責任を負

っているのです．

　私たちはこれまで，ICA の歴史を現代の協同組合運動と ICA 原則との関わりで，第 21 回 ICA ローザンヌ大会（1960 年）におけるボノーの「構造改革路線」，第 23 回ウィーン大会（1966 年）の「ICA 6 原則」，第 27 回モスクワ大会（1980 年）の「レイドロー報告」，また第 28 回ハンブルク大会（1984 年）の「トルーノフ報告」，第 29 回ストックホルム大会（1988 年）の「マルコス報告」，そして第 30 回東京大会（1992 年）における「ベーク報告」，さらに ICA 創立 100 周年を兼ねた 1995 年の（第 31 回）マンチェスター大会における「ICA 声明」を簡潔に見てきました．その結果，私たちは，各大会で提起された方針や承認された報告はそれぞれ，各時代，各時期における経済的，社会的，それに政治的な条件や状況を背景にして，協同組合の事業と運動が直面している課題や問題に各国の協同組合人がどのように対応していけば，平等，公正それに参加という協同組合の本質に適（かな）った事業と運動を展開することができるのか，その一連の認識と方法を示唆する鳥瞰（ちょうかん）図である，と気づかされたのです．こうして，協同組合人は，協同組合のビジョンを創造し，協同組合のアイデンティティをより豊かにしていくのです．

第 2 節　レイドロー報告の想像力：協同組合の本質

⑴　協同組合の 3 つの柱：歴史・イデオロギー・経済−社会的機能

　既に示したように，「レイドロー報告」の正式なタイトルは『西暦 2000 年における協同組合』です．私たちがしばしば，正式のタイトルの代わりに，「レイドロー報告」という別のタイトルを用いるのは，A.F. レイドローが，ICA 中央委員会から 1980 年に開催される第 27 回 ICA モスクワ大会の報告書を作成するコーディネーターを依頼されて，『西暦 2000 年における協同組合』というタイトルの報告書を彼の名と責任において大会へ提出し，その報告書が採択されたからです．その意味では，前に言及した「マルコス報告」や「ベーク報告」も同じです．

第2章 協同組合のビジョンとアイデンティティの歴史

　レイドローはこの報告書の「はしがき」の最後に次のことを記しています.「この報告書は，ICA事務局との緊密な協力のもとに作成されたが，ICAの公式な政策を必ずしも反映していない，とご理解いただきたい．またここに表明された意見や見解の多くはコーディネーターの私見であり，その責任はすべて私が負うことを最後に申し添える」．すなわち，この報告書で論及される協同組合の歴史，現状，政策それにビジョンについてはレイドローの意見や見解が大きな比重を占めることになる，ということです．私たちが「レイドロー報告の想像力」を探究する所以もこの点にあります．先に指摘したように，レイドロー報告には主に「協同組合原則」と「協同組合の本質」に関わる2つの論点がありますが，前者については既に論及しましたので，ここでは後者について論及します．

　レイドロー報告（以下，「報告」）には3つの柱があります．1つは「協同組合の歴史」，次は「協同組合のイデオロギー」，もう1つは「協同組合の経済-社会的機能」です．ここで重要なことは，「協同組合の本質」論がこれら3つの柱によって構成されていること，したがってまた，協同組合の「歴史」と「イデオロギー」と「経済-社会的機能」を相互に関連させながら「協同組合の本質」を明らかにしていく，という方法を「報告」が展開していることを私たちが理解することです．

　例えば，「報告」は，その冒頭で，世界の協同組合の歴史を振り返ると，協同組合は「成長と変化の3段階」を経験している，と次のように論じています．すなわち，協同組合はそれぞれの段階でそれぞれの危機に直面し，それらの危機を克服していきます．初期の段階の危機は「信頼性の危機」であり，この危機が克服されると次の段階で第2の危機に協同組合は直面します．「経営の危機」です．そしてこの第2の危機が克服されると，今度は第3の危機に協同組合は直面します．それは「イデオロギーの危機」であり，現代の協同組合が直面している重大な危機なのです．それゆえ，「報告」は「イデオロギーの危機をいかにして克服するか」に焦点を当てて「協同組合の本質」にアプローチしていきます．

「報告」は，この「イデオロギーの危機」を克服するために，協同組合の経済-社会的機能を多面的，複眼的に提示します．この方法はきわめて説得的です．なぜなら，この方法は，協同組合の経済-社会的機能を通じて現代の協同組合の「イデオロギーの危機」を捉え，現代協同組合人の協同組合のイデオロギーを，すなわち，協同組合人の「信念」・「意見」・「(心的) 態度」を広くそして深く問うているからです．言い換えれば，「報告」は「協同組合人よ，あなた方の協同組合のアイデンティティとは何であるのか」を問うているのです．「報告」はこう主張しています．

　　この危機は，協同組合の真の目的は何か，他の企業とは違った種類の企業として独自の役割を果たしているのか，といった疑問に苛まれて起きているのである．協同組合は，商業的な意味で他の企業と同じように能率を上げることに成功しさえすれば，それで十分なのだろうか．また協同組合は，他の企業と同じような事業技術や事業手法を用いさえすれば，それだけで組合員の支持と忠誠を得る十分な理由となるのだろうか．さらに，世界が奇妙な，時には人びとを困惑させるような道筋で変化しているのであれば，協同組合も同じ道筋で変化していくべきなのか，それとも協同組合はそれとは異なる方向に進み，別の種類の経済的・社会的秩序を創ろうとすべきなのか．

　この主張は「協同組合の本質」の根本に触れるものです．協同組合人にとって，協同組合の本質に触れることは協同組合の経済-社会的機能の現実を明らかにすることでもありますが，そのために「報告」は，レイドローの協同組合セクター論に基づいた「協同組合の4つの優先分野」を論じていきます．

(2) レイドローの協同組合セクター論

　レイドローの協同組合セクター論には「1つの重要な柱」があります．そ

れは「世界と人類が抱えている未解決の経済問題」です．これらの経済問題は，結局，(1)地球の諸資源を分け合う方法，(2)誰が何を所有すべきかという方法，(3)土地の果実（農産物）と工業製品を分け合う方法，そして(4)各人が必要とする部分を公正に確保し得るシステムを確立する方法，に収斂します．しかしながら，これらの全人類的な「未解決の経済問題」を，自国の利益を最優先させる支配力を擁する政府（第1セクター）と，企業の自己利益を最優先する最大限利潤の追求を経済活動の動機とする大企業（第2セクター）の「二大権力」だけで解決するのは不可能です．それゆえ，民衆の側に，この「二大権力」に対抗し得る強力な「拮抗力」(countervailing power)を，すなわち，「民衆の力」(people power)を育成し拡大していくことによって——世界と人類を脅かしている諸問題から人びとを救いだすイデオロギーとシステムに導かれた——人間的で道理にかなった原則に基づいて組織される「第三の力」(third power)を創りださなければならない，とレイドローは強調しました．要するに，レイドローは，協同組合を大きな経済的支配力を持つ政府と大企業（とりわけ多国籍企業）の双方に対抗し得る「拮抗力」＝「第三の力」の主要な構成要素だとみなすことによって，協同組合が「第3セクター」の主柱として経済-社会的な諸問題に対応する経済-社会的機能を働かせることの必要性を示唆したのです．

　レイドローにとって，第3セクターの主柱を成す協同組合の経済-社会的機能を基盤とする「拮抗力」は，基本的に，地域コミュニティで育成された協同組合諸組織の地方的連帯と，その地方的連帯の結集を基礎とする全国的連帯との双方の協働効果（シナジー）を発揮するものでなければなりません．加えてこの拮抗力は，時として，国境を越えた協同組合諸組織の国際的な連帯あるいは地球的規模での連帯の有効性と有用性を発揮するでしょう．そこでレイドローは，このような協働効果と有効性や有用性を発揮する協同組合セクターの経済-社会的機能という観点から，協同組合を「所有，経営・管理およびサービスの利用という構成要素の完全な同一性を目指す企業経営体」[12]と定義することによって，第3セクターの主柱としての協同組合の特徴的性格を次

のように示します．

(1) 協同組合セクターの概念は，現代社会における協同組合運動の位置を説明するのに最も道理のある理論を提示する．
(2) 協同組合は事業体としては私的資本主義企業とも公的企業とも本質的に異なる．協同組合は本来的にその「中間の道」にある１つの経済セクターである．
(3) 協同組合は，「第三の力」の役割を，すなわち，大きな支配力を擁する大企業と政府の双方に対するオルタナティヴ（もう１つの選択肢）としての「拮抗力」の役割を果たす．
(4) 協同組合の際立った特徴は，経済事業体であり社会運動体であるという「二重の性質」を持っていることである．
(5) 教育を重要な組織的要素と考えない協同組合は，協同組合の本質的性格，すなわち，人びとの助け合いに基づく社会的な関係が創りだす「人間的な性格」を喪失する危険がある．
(6) 協同組合は，その存在理由(レゾンデートル)を示し，その目的を実現するために，人類が直面している諸問題を解決するのに有意義でユニークな貢献を実行する．

レイドローは，このような彼の協同組合セクター論を通して協同組合運動の現状を分析し，20 年後の「西暦 2000 年」に至るまでの，協同組合に相応(ふさわ)しい基本的な方向性を協同組合人に示唆することで，彼らが協同組合運動の将来をどう展望するのか，を問うたのです．では，なぜレイドローは彼らにこのような問いを投げかけたのでしょうか．それは，彼ら協同組合人の間に次のような必要性，危機感や危惧それに可能性がわだかまっている，とレイドローが見て取ったからです．すなわち，

①協同組合の発展に影響を与えたり，発展を妨げたりするような世界情勢

のさまざまな傾向について認識を深め理解する必要性，
②協同組合は現代における急速な変化のペースに追い越され，付いて行けなくなるかもしれないという危機感，
③協同組合システムは，現に世界の多くの国や地域で驚くべき規模に成長している巨大な多国籍企業の恐ろしい力に対抗できないかもしれないという危惧，
④長い年月をかけて築き上げてきた協同組合の利点と勢いを維持していくための根本的な変換や再構築の可能性，

というものです．彼ら協同組合人が協同組合に対するこのような必要性，危機感，危惧，そして可能性を抱いた理由は何だったのでしょうか．じつは，協同組合人は，一方で協同組合は現在の時代や時期に適した社会性や事業能力を持っているのだろうか，という疑問を絶えず投げかけていたし，他方でそのような疑問に絶えず応えようとしてきたのです．その点では，現代の協同組合人が抱いている必要性，危機感，危惧そして可能性を——その次元や内容は相違するとはいえ——かつての協同組合人も抱いていたのです．言い換えれば，現代の協同組合人は，かつての協同組合人がそうしたように，現代という時代と時期にどう対応し，オルタナティヴの「拮抗力」＝「第三の力」として協同組合の経済-社会的機能をどう発揮して，その役割を果たしていくかを絶えず思考かつ試行しているのです．「報告」が「協同組合の成長と変化の3段階」と言っているのは，まさにこのことなのです．

既に言及したように，「報告」は，現代の危機は「イデオロギーの危機」だと強調しています．なぜ，現代の協同組合は「イデオロギーの危機」に直面しているのでしょうか．それは，先に見たように，現代の協同組合は「協同組合のアイデンティティ」に即した「経済-社会的機能」を発揮しているのだろうか，より人間的な統治に基づいた「新しい社会秩序の形成」というソーシャル・ミッションを見据えた事業と運動を展開しているのだろうか，あるいは協同組合の真の目的を見失ってはいないだろうか，という疑問に協

同組合人が苛まれていることから起こっているからです．これはまさに，現代の協同組合人に「協同組合の本質」を問うていることを意味しています．イデオロギーの危機は，その点で，協同組合にとって信頼性の危機や経営の危機よりも深刻な危機なのです．なぜなら，信頼性の危機も経営の危機も協同組合のイデオロギーに，つまり，協同組合人の「信念」・「意見」・「(心的)態度」に大きく関わってくるからです．

(3) 4つの優先分野への挑戦

「イデオロギーの危機は克服されなければならない」，これが「報告」の結論です．では，危機克服の処方箋は何か．「報告」が示した処方箋は「4つの優先分野」に挑戦すること，これです．すなわち，「4つの優先分野」は，協同組合運動における「イデオロギーの危機」をコアとする「3つの危機」，協同組合が取り組むべき「4つの未解決の経済問題」，協同組合セクター論の視点，それに協同組合セクターが「二大権力」に拮抗し得るほどの「第三の力」に成長する課題，これらすべてが包み込まれて提起されているのです．

第1優先分野：世界の飢えを満たす協同組合

協同組合が最も成果を上げている分野は農業・食料・農村に関わる分野です．しかもこの分野は，国民的食料の確保という観点だけでなく世界の飢えを満たすという観点からも，喫緊の解決が求められている分野であることから，協同組合にはその経済-社会的機能を十分に発揮する重要な役割があります．要するに，「食料については生産から消費まで，協同組合が最大の能力と経験を持っている分野」なので，「世界の飢えを満たす」ことは協同組合が取り組むべきソーシャル・ミッションなのです．この優先分野において協同組合が取り組むべき目標や課題は，現にさまざまな国の協同組合が取り組んでいるように，「生産者と消費者の橋渡し」，「食料に関する問題をめぐる農民と都市の人たちとの協議」，「協同組合による総合的な食料政策の確立」，「発展途上国の小作農や小農の組織を支援する開発計画——フェアトレ

ードなど——の取り組み」などです．この分野での協同組合運動の成果は，協同組合セクターの「第三の力」の実質化を推し進めることになるでしょう．

第2優先分野：生産的労働のための協同組合

これには高度な産業的発展を見せている労働者協同組合であるスペイン・バスクの大規模な「モンドラゴン協同組合企業体」(MCC) の世界的な影響を窺うことができます．レイドローが考えている「二大権力」に拮抗し得る「第三の力」としての経済-社会的機能と能力を最も明瞭に見せてくれているからです．MCC は，雇用の創出，地域社会の再生・再活性化，「教育・保健/医療・住宅」というセイフティネットの整備，伝統文化の継承など単一の協同組合では困難な総合的な経済-社会的機能を発揮し，新しい経済-社会秩序を創りだすのに貢献しています[13]．何よりも MCC は，私的資本主義企業と異なる雇用形態の協同組合企業の持続可能性を確かなものにしてくれています．レイドローが MCC のなかに「事業体であり，運動体でもある」との内容を見いだし得たことは，協同組合の世界にとってきわめて重要なことです．なぜなら，たとえ労働者協同組合がスムーズかつ成功裏に経営・管理することが難しい協同組合であるにしても，「生産的労働のための協同組合」も，他の種類の協同組合と相並んで協同組合の「歴史」と「イデオロギー」と「経済-社会的機能」を包括するモデルとしてその存在理由を示すことができるからです．

第3優先分野：持続可能な社会（保全者社会）のための協同組合

これは協同組合運動におけるいわば「消費者協同組合（生協）の復権」を論じたものです．生協の歴史が教えているように，生協は，ロッチデール公正先駆者組合に始まる「新しい社会秩序の形成」を目標に展開された近代協同組合運動全体の牽引車的役割を担って「組合員の経済的，社会的な改善」を遂行してきたし，また現代においても平等・公正，女性解放などのイデオロギーを世界に広げ，組合員のみならず他の多くの人びとの社会包摂的意識

> **コラム**
>
> ### モンドラゴン協同組合企業体
>
> モンドラゴン協同組合企業体（MCC）は現在，4つの部門から成る120の協同組合によって形成されています．すなわち，工業，（農業，介護サービスを含む）小売り流通，（共済保険を含む）金融，それに（大学，製品開発，教育を含む）知識の部門です．これらの部門から成る協同組合は，モンドラゴン・グループとして相互に協同・連帯しながらそれぞれの事業を展開しています．MCCの特徴の1つは「知識部門」の大きな役割です．例えば，スペインでもハイレベルの大学・大学院であると評価されているモンドラゴン大学は，約4000人の学生，理工・経営・人文教育の学部を擁し，教育協同組合のコアとして管理・運営されています．MCCは，2010年現在，約8万4000人の組合員・従業員を擁しており（イギリス，フランス，イタリア，モロッコ，アメリカ，チェコ，中国，インド，メキシコなど海外に設立されている77の協同組合工場の従業員は含まれない），また総資産は331億ユーロに及び，協同組合としては巨大な規模に達しています（全国農業協同組合中央会『それは「学習」からはじまった：入門・モンドラゴン協同組合』2011年より）．

の向上に重要な役割を果たしています．このことは，生協の事業と運動が小売り流通の理念を，個人の単なる「効率的な消費生活」の次元から「生産と消費の相互依存の社会的関係性に基づいた生活」の次元へ高めてきたことを意味します．言い換えれば，生協は，食料の生産と消費を人びとが自然環境保護や生態系の維持と結びつけて構造的に理解しようとする意識を社会的に創りだすことに貢献しているのです．私たちは生協のこの貢献を高く評価すべきです．これは環境保護，食文化の継承や創造，それに男女差別をはじめとするさまざまな差別を助長する障壁（バリアー）の排除のために起ち上がる「ケアの倫理」への貢献であると言うべきでしょう．言い換えれば，「ケアと思いやり」を協同組合運動にしっかりと位置づけてきたという点で，生協は近・現代において協同組合全体がその経済-社会的機能を幅広く発揮してきたことに大いに与って力があったのです．

しかしながら，小売り流通を事業対象とする生協には，「報告」が論じて

いるように，本質的な弱点があります．それは，生協が意識的に組合員参加のシステムを創りださないでいれば，協同組合と組合員との関係は浅くかつ薄くなっていく，という弱点です．生協の事業が「消費のための購買」という小売り流通の一部にしかかかわらないとはいえ，たった今述べたように，生協は協同組合運動全体にとって重要な役割を果たし，貢献してきたのですから，「参加の倫理」と「ケアの倫理」を生協独自の政策として確立すること，それが生協の復権の鍵となるのです．生協は，「地域コミュニティのニーズを満たす多様な事業体」のなかの1つとして「私企業とは異なることによる大きな有利性」を活かしていくのであれば，協同組合セクターの重要な位置を占める「新しい方向」を見いだすことができる，これが生協に対する「報告」の期待なのです．

第4優先分野：協同組合コミュニティの建設

レイドローにとって協同組合コミュニティの建設は「二大権力」に対する「第三の力」としての協同組合セクターの1つの重要な証明です．協同組合コミュニティは「多種多様な協同組合の手段を用いて」建設される，一種の「協同組合サービスセンター」なのですが，それは，「マクロ的なレベルのプランニングよりも，むしろミクロ的なプランニングに関心が集まっている．大きな変革や新しい試みは，多くの場合，小さいところからスタートしている」との彼のイデオロギーによるものです．じつは――彼は気づいていませんが――彼はグローバリゼーションの下での社会改革や新しい経済-社会秩序の形成について言及しているのです．「協同組合の発展のための計画を地域コミュニティの段階で作成する必要性」を強調している「報告」は，地域コミュニティに基礎を置いて「雇用の創出」と「地域コミュニティの再生」を実現している非営利・協同組織によるイギリスの社会的企業を彷彿とさせます．レイドローは，協同組合コミュニティの建設は容易ではないにしても不可能ではない，と考えていますが，21世紀にあってその可能性は大きくなりつつあると言えるでしょう．モンドラゴン協同組合企業体やイギリスを

はじめヨーロッパ諸国で展開されている社会的企業は地域コミュニティから発して地方や国にもその利益をもたらすようになっています．

オーストラリアのマレーニ協同組合コミュニティは，協同組合セクター論の「生きた題材」を私たちに与えてくれています．この協同組合コミュニティの特徴は，①参加・民主主義に基づく協同組合コミュニティ，②高い文化・教育レベル，③経済，社会，環境の3つの領域のバランス重視，④誰も排除せず，人に優しく，公平な協力社会，⑤低炭素・資源循環型生活など自然との共生が生活スタイルになっているパーマカルチャーの思想を柱にして，生協，クレジット・ユニオン，地域通貨，フード・コープ，社会活性化のための協同組合など「協同組合セクター」が基礎になって地域コミュニティを形成していることです[14]．レイドローの協同組合セクター論を現実化させているモデルと言えるでしょう．

第3節　シチズンシップと協同組合

(1) 市民，市民社会そしてシチズンシップ

本節の前半で私たちはICAの歴史を探り，レイドロー報告の想像力を見てきました．その結果，私たちは，ICAの歴史とレイドロー報告の想像力の双方から，協同組合についての重要な概念(コンセプト)を得ました．それは，「協同組合は，市民が自らの自治と権利と責任に基づいて自発的に組織し管理・運営する事業体であり，運動体でもある」というものです．では，協同組合の組織，管理・運営そして運動の主体である「市民」とは何を意味するのでしょうか．「市民」（Citizen）を知らずして，ここでのテーマである「シチズンシップ」（Citizenship）を知ることはできません．

市民は，一般に，社会の正当かつ対等平等な「構成員の資格・権利(メンバーシップ)」を正式に享受する個人を意味します．ということは，社会を構成する資格あるいは権利を有する個人を私たちは市民と称しているのです．それゆえ，市民は一種の地位(ステータス)を意味することにもなります．民主主義社会においては，「市民

第 2 章　協同組合のビジョンとアイデンティティの歴史　　　　75

というステータス」は人びとを分け隔てすることなく包摂するという「社会包摂的な意識」を示唆しています．それゆえ，この社会包摂的な意識に基づいて，市民である個人 1 人ひとりは，自らの生活を通じて地域社会に貢献することを承認され，したがってまた自治（自治の権利）を保障されるのです．そしてこの自治（権）が一連の諸権利に反映されることによって「参加の倫理」を広げていくことになるのです．このことは同時に，市民である個人 1 人ひとりが自らの諸権利を行使するのに必要とされる社会的枠組みを維持する責任（あるいは義務や責務）を求められる，ということにもなるのです．その意味で，市民の権利と責任は，対立関係にあるのではなく，共に補い合う「相補的関係」にあるのです．

　では，「市民社会」とは何でしょうか．私たちは，「社会」が抽象概念であることを聞き知っています．それはちょうど，「市場（しじょう）」が抽象概念であるのと同じです．私たちは東京市場も日本市場も見たことがないし，況（いわん）や世界市場をや，ということになりますが，それは市場が抽象概念であるからそうなのです．とはいえ，東京市場も日本市場も，それに世界市場さえも存在するのです．それらは，「抽象的実在」と言うべきもので，分かり易く言えば，生産者あるいは消費者としての私たち個人，グループあるいは組織などの経済関係（売買関係）あるいは経済行為（売買行為）の総体を言い表しているのです．社会も同じです．私たちは日本社会も国際社会も見たことはありませんが，日本社会も国際社会も存在するのです．「社会」は，私たち市民の社会的，国際的な諸関係の総体を，もっと言えば私たち市民の社会的，国際的な諸関係に基礎を置いた個人，グループあるいは組織の社会的行為や行動の総体を意味しているのです．そのような抽象的実在としての市民社会とは，「（市民である）個人は 1 人ひとり，人種・民族，宗教，政治的信条，階級，ジェンダーあるいは他者とは違う独自のアイデンティティによってあらかじめ決定されることなく，自分自身の生活について判断を下す能力のあることを承認する」[15] 社会のことだと言えるでしょう．言い換えれば，すぐ前で述べたように，市民である個々人は地域社会（コミュニティ）や社会に貢献することを承認され

るがゆえに自治を保障され，そしてその自治（自治権）に基づいて権利を行使することが可能となるのですが，市民である彼・彼女たちが権利を行使するためには，裁判所や学校，病院それに議会といった制度や仕組みがすべての市民に公正にその機能を遂行してくれる社会的枠組みを必要とするのですから，市民のすべてがその社会的枠組みを維持する責任を果たさなければならない，というのが市民社会なのです．そのような市民社会において，市民である個人１人ひとりによる権利の行使と責任の履行の相補性を実質化させるものこそ——民主主義に基づく社会的な価値基準あるいは価値規範としての——参加の倫理なのです．私たちがシチズンシップのコアを「自治・権利・責任・参加」であると主張する所以です．

　こうして私たちは市民と市民社会を理解することができたので，次に現代シチズンシップの概念を見ていきましょう．シチズンシップとは何か，と問われたならば，私たちはこう答えるでしょう．それは市民である個人の「自治・権利・責任・参加」を承認する最も重要な政治的理念の１つであって，またそれは，個人にはさまざまな権利を享受する資格があることを承認する理念であり，したがって，個人には安定したガバナンスを支える共同の責任があることを承認する理念です，と．

　このように答えることによって，現代シチズンシップのコアについて概ね説明することができたかと思います．しかしながら，現代シチズンシップには国民国家（国家と国民），国籍，文化，人種・民族，宗教，個人と集団，ジェンダー，市場，福祉，雇用，環境などさまざまな経済的，政治的，社会的，文化的，宗教的な要素が入り込み，それらがまた相互に関連し合って，私たちを困惑させるのです．そこで，私たちの困惑を解いてくれる「現代シチズンシップの真髄」とでも言うべき次の一節をここに記述しておきましょう[16]．

　　シチズンシップには誰にでもどこにでも訴える魅力がある．急進主義者も保守主義者も同じように，自分たちの政策処方箋を擁護するためにシ

第2章　協同組合のビジョンとアイデンティティの歴史　　　　77

チズンシップという言葉を巧みに用いている．というのも，シチズンシップには個人主義的な要素と共同的な要素の双方が含まれているからである．自由主義者がシチズンシップを尊重するのは，シチズンシップによって与えられる諸権利がまったく干渉されることなく，個人１人ひとりに自らの利益を追求する余地を与えるかである．（他方）権利は，その政治的形態に基づいて，個人が共通の統治制度を形づくることに関与できるようにするのである．それゆえ，シチズンシップはまた，個々人は生活を営むのに協力し協同することがどうしても必要である，という人間の本来的な関係を表す理念として人びとに訴えるところがあるのだ．実際のところ，「一市民」（private citizen）という概念は自家撞着なのである．このことは，シチズンシップは権利だけでなく義務や責務（責任）も伴うことを意味している．

　要するに，現代のシチズンシップには「個人主義的な要素」と「共同的な要素」とが包含されていること，そして前者は，個人は他の誰からも干渉されることなく自らの利益を追求できる権利があると同時に，「共通の統治制度」の形成に関与・参加することによって新しいより公正な社会秩序を創りだす責務や責任があること，また後者は，個々人はお互いに協力し協同することによってはじめて自らの生活を営むことができるのであるから「人間の本来的な関係」を表現していること，これらのことが明示されているのです．こうして，シチズンシップには相互に依存し合いかつ相補的な関係にある権利と責任（義務や責務）が伴うことを私たちは理解し認識することになります．

　先に，権利と責任の相補性に関わって参加の倫理について言及しておきました．そしてこの参加の倫理がシチズンシップの主要な際立った特徴の１つであることを私たちは理解しました．私たちが日常生活において経験している参加の倫理は，それゆえ，権利と責任の相互依存性と相補性を明らかにすることによって，シチズンシップと「上意下達の承認受諾関係」とを明確に

区別してくれます．私たちはそれをシチズンシップの能動的ステータスであると認識します．その点で，参加の倫理こそ日本の社会や組織においてしばしば目撃される「上意下達の承認受諾」とはまったく相違するシチズンシップの最大の魅力である，と私たちは理解するのです．言い換えれば，市民にとって，能動的ステータスとしてのシチズンシップは，上意下達の承認受諾を強いるいかなる支配とも相容れないということです[17]．すなわち，

> 支配の根源が国家であろうと，家族・夫であろうと，教会，民族集団（エスニック・グループ）であろうと，あるいはわれわれを，自治権を有する個人，統治能力のある自律的な個人として認めようとしないどんな他の力（フォース）であろうと，シチズンシップは支配と相容れないのである．

「シチズンシップは支配と相容れない」というこのシチズンシップのイデオロギーは，協同組合の基本的なイデオロギーでもあるのです．ここで強調されているシチズンシップのイデオロギーの重要性は，私たち市民が「自治権を有する個人」でありかつ「統治能力のある自律的な個人」である，ということにあります．なぜなら，協同組合のすべての始まりは，私たちが自治権を有する市民でありかつ統治能力のある自立・自律した市民である，ということにあるからです．そのことはまた，第6章において論及される「協同組の定義・価値・原則」に見て取れます．すなわち，協同組合は，協同の倫理と参加の倫理という「民主主義に基礎づけられた社会的な価値基準あるいは価値規範」によって生みだされる社会包摂的な意識を事業と運動のなかにしっかり埋め込むことによって社会的に能動的なステータスを維持するがゆえに，市民である個々の組合員や他のステークホルダー（利害関係者）を人種・民族，宗教，政治的信条，階級，ジェンダー，あるいは独自のアイデンティティによってあらかじめ決めつけることなく，彼・彼女たちが自らの生活について判断を下す能力のあることを承認し，それゆえにまた，彼・彼女たちに自治を与えて一連の権利を行使し，責任を履行するよう促すのです．

ICA 原則全体,とりわけ第 7 原則「地域社会への関与」はまさにそのことを主張しているのです.こうして,シチズンシップは社会的な理念になることによって協同組合の事業と運動の基礎を支える重要な構成概念になるのです.

(2) シチズンシップと協同組合

シチズンシップには別の際立った特徴があります.「安定した人間的な社会秩序」を創りだすために,シチズンシップは,すべての市民が権利を行使する意識だけでなく責任(義務や責務)を履行する意識もまた持つように促す,これです.言い換えれば,市民は権利を行使し,責任を履行することを通じてシチズンシップに必要な諸条件を再生産するのです.このことは,シチズンシップは個人の尊厳を認めると同時に個人的行動の社会的文脈を再確認することを意味し,また市民の個人的な行為と社会的な実践とが相互に依存し合っていることをも意味しているのです.こうして,市民はシチズンシップを人間的統治(ヒューマン・ガバナンス)の優れた基礎とみなすのです.私たちが協同組合にシチズンシップを重ね合せるのもまさにこの点にあるのです.そして私たちが,協同組合のヒューマン・ガバナンスはシチズンシップを基礎にしている,と主張するのはそのような理由からなのです.

第 6 章で詳しく言及するように,協同組合が「1 人 1 票の議決権」という組合員の平等な権利の行使を基礎とする民主的な事業体であり運動体でもあるということは,組合員個人 1 人ひとりを平等に処遇せよ,との要求に協同組合が誠実に応える事業と運動を実践していることを意味しているのです.したがって,協同組合が市民である組合員に「組合員の権利の行使と責任の履行」の双方を求めていくことによって,組合員がそれを「社会生活の利益と負担を共有する」認識へと高めることができるのであれば,社会的な諸資源を公正に配分しかつ有効に管理・運営する方法を私たち市民が提起し,提案することも可能になっていきます.それはいわば,協同組合のイデオロギーあるいは価値規範の社会化と言ってよいでしょう.なぜなら,市民は,創

意に富んだ行為者として，自らのシチズンシップを表現する新たな方法を常に見いだそうと努力するからです[18]．私たちがしばしば，シチズンシップと協同組合は相互に影響し合い作用し合う，と論じている所以はまさにその点にあるのです．すなわち，協同組合ガバナンスにシチズンシップのコアあるいは根本原則である自治・権利・責任・参加が埋め込まれることによって，人びとの間の協力・協同という人間本来の要求が協同組合の事業と運動のなかで具現化され，その結果，シチズンシップが人びとの間に滲透し，社会的に積極的で活動的な市民が生みだされるのです．こうして，協同組合の事業と運動は，シチズンシップと協同組合のヒューマン・ガバナンスとに基づいて人間的な経済-社会秩序を形成する諸条件を再生産し，それらを維持し，また物質的資源を公正に配分し，文化的資源を人びとの生活のなかに幅広く活かしていくのに貢献するのです．

(3) シチズンシップと協同組合の8つの特徴点

「シチズンシップは，疑いなく，社会の至る所で引き起こされる権利の侵害や不公正に意義を申し立てる理念として大きな潜在能力を持っている」[19]．この言葉はシチズンシップの「社会包摂的な能力」を適切に言い当てています．すぐ前で言及したシチズンシップのヒューマン・ガバナンスを基礎とする協同組合ガバナンスもまた，社会包摂的な民主的ガバナンスであることを私たちは強調しなければなりません．というのは，協同組合ガバナンスは，組合員の個人的権利を擁護すると同時に，彼らに自発的な責任を求め，またその「権利と責任」を結び合わせる鍵を参加の倫理であるとし，さらにその参加の倫理を促進するものこそ民主的ガバナンスであるとしているからです．それゆえ，参加の倫理に基づいて協同組合ガバナンスの内容を高めていくことは――権利と責任が相補的な関係にあるのだから――組合員の権利と責任に幅広く対応していくことを意味します．言い換えれば，協同組合ガバナンスと組合員の関係は，組合員同士の関係と同じように，互恵的であり，相互依存的である，ということです．その点で，協同組合における権利と責任は，

論理的にも実践的にも密接に関係していることを意味しているのです．

既に述べたように，私たちは，協同組合における組合員の権利と責任の関係を，社会における市民の権利と責任の関係と同じように考えるべきでしょう．すなわち，1つは，「他者はわれわれの権利を認め，尊重しなければならない，われわれもまた同じようにそうする責任を負う」[20]，ということであり，もう1つは，組合員が権利を行使するのはその権利を支えている協同組合ガバナンスを維持し発展させるためなのだから，組合員は「組合員の権利を行使する責任がある」ということになります．そうであればこそ，組合員の権利の行使は協同組合の事業と運動の発展に欠くことができない，ということになるのです．このことこそ，「健全な協同組合ガバナンスは積極的で活動的な組合員を必要とする」と言われる所以なのです．そしてこのことは，協同組合の事業と運動における組合員の権利と責任は社会における市民の権利と責任，すなわち，シチズンシップの反映でもあることを示唆しているのです．

一般に，「積極的なシチズンシップは積極的な個人をもって始まる．なぜなら，シチズンシップの構造的諸条件は，個人の諸活動を通じて再生産され，改善されるからである」[21]，と言われています．政治や経済を含めた社会改革は，市民が参加の倫理に基づいて権利を行使し，責任を履行する機会を活用することにより達成されるからです．このことは，私たちがこれまで論じてきたことを理解すれば，協同組合ガバナンスにも十分当てはまることが分かるでしょう．

このように，市民社会における市民の「権利と責任」に焦点を当てて「シチズンシップと協同組合」を比較考量してみると，シチズンシップと協同組合との間に社会的，経済的それに政治的に重要ないくつかの共通項があることに私たちは気づきます．それらの共通項は「シチズンシップと協同組合の特徴点」とも言うべきものです．そこで次に両者の共通項を最も明確に表現している「8つの特徴点」を示し，協同組合がその事業と運動を通じて「協同組合の8つの特徴点」を社会化させることによって「シチズンシップの普

遍化」に寄与することを私たちは大いに期待したいと思います．

【シチズンシップの特徴点】
(1) シチズンシップは，個々人は生活を営むのに協力し協同することが必要である，という「人間の本来的な関係」を表す理念である．
(2) 市民は社会の正当かつ対等平等な構成員の資格・権利，すなわち，メンバーシップを正式に享受する．
(3) シチズンシップは，個人は誰でも，人種・民族，宗教，政治的信条，階級，ジェンダーそれに独自のアイデンティティによってあらかじめ決定されることなく，自分自身の生活について判断を下す能力のあることを承認する．
(4) シチズンシップは権利の行使だけでなく責任の履行を伴う．この権利と責任は，対立するのではなく，相互に支え合うという意味で相補的である．
(5) シチズンシップにおいては，不平等な処遇が人びとの間にもたらされるのであれば，それは個人の尊厳を支える基本的権利の侵害である，とする主張に大きなウエイトが置かれている．すなわち，シチズンシップは「個人の尊厳を承認する」のである．
(6) シチズンシップは，「参加の倫理」を主要な特徴としており，人びとを「自治（権）を有する個人，統治能力のある自律的な個人と認めようとしない」勢力や組織や集団，あるいは国家エリート（政治家や高級官僚）に見られる「上位下達の承認受諾関係」と明確に区別される（「参加の倫理」の「倫理」は民主主義に基礎を置く社会的な価値基準あるいは価値規範を意味する）．
(7) シチズンシップは人間的統治（ヒューマン・ガバナンス）のための優れた基礎である．
(8) シチズンシップのコア（中心軸）は「自治・権利・責任・参加」である．

協同組合がその内に包み持っている，シチズンシップと重なり合う共通項としての特徴点は次のものです．

【協同組合の特徴点】
(1) 協同組合運動は，組合員同士がお互いに協力し協同する相互扶助（相互の助け合い）によって生活条件を改善していくことを通じて，組合員相互の関係を厚くかつ深くし，奥行きのあるものにしていくことを目指す．これは人間の本来的な関係を強めていくことを意味する（1人は万人のために，万人は一人のために）．
(2) 協同組合の組合員はすべて，正当かつ対等平等な協同組合構成員の資格・権利，すなわち，組合員としての権利を行使し，責任を履行するメンバーシップを享受する．
(3) 個人は誰でも，人種・民族，宗教，政治的信条，階級，ジェンダーそれに独自のアイデンティティに関係なく，（社会的に承認されている条件に基づいて）自発的に協同組合に加入し，組合員となることができる．このことは「組合員は自分自身の生活について判断を下す能力があること」を協同組合が承認することを意味する．
(4) 組合員は，自らの権利を行使し，またそれに伴う自らの責任を履行することによって，協同組合ガバナンスの持続可能な発展を理解する．このことは，組合員の権利と責任は，対立するのではなく，相互に支え合う相補的関係にあることを意味する．
(5) もし協同組合の事業と運動が組合員の間に「不平等な処遇」をもたらすならば，それは組合員としての尊厳を支える市民の基本的権利の侵害である，と社会はみなすであろう．
(6) 協同組合は，組合員の参加によってはじめて機能し，社会的役割を果たすことができる．すなわち，協同組合運動は組合員の参加の倫理に基礎を置いているのである．このことは，協同組合運動においては協同組合と組合員との関係が「上位下達の承認受諾関係」ではないことを意味

する．言い換えれば，組合員はすべて「自治（権）を有する個人であり，統治能力のある自律的な個人である」と承認されているのである．
(7) 資本の結合体ではなく，人間の結合体として構成される協同組合は，民主主義に基づく人間的統治（ヒューマン・ガバナンス）によって管理・運営される．
(8) 協同組合ガバナンスのコア（中心軸）は「自治・権利・責任・参加」である．

このように，シチズンシップと協同組合の8つの特徴点は見事に一致します．シチズンシップの観点からすると，市民としての個人（「私」）の権利も協同組合の組合員としての個人（「私」）の権利も共に，市民であり組合員でもある他者と相互に責任を意識し合うことではじめて支えられるのだということを私たちは理解するのです．なぜなら，私たち1人ひとりの個人的権利は，他者と相互に責任を意識し合うことによって承認されるからであり，また権利の行使を可能にする社会制度や社会的枠組みを構築し維持するよう，あるいはそれらを改善するよう私たちを促すからです．それゆえにまた，私たちは責任の意識を高めることによってシチズンシップを受動的，消極的なステータスではなく，能動的，積極的なステータスとして承認するのです．言い換えれば，シチズンシップの主要な機能は，「私」から見た「他者」の権利の尊重と，その権利を支える共通の諸制度を維持していくのに必要な役割を果たす責任（責務）の尊重という原則に基づいて社会を統治することなのです[22]．協同組合における統治（ガバナンス）もこのことと寸分違（たが）わないのです．

注
1) 拙論「協同組合運動のアイデンティティとはなんであったか：第1回国際協同組合大会が求めたもの」（白石正彦監修・農林中金総合研究所編『協同組合の国際化と地域化』筑波書房，1992年）を参照して下さい．
2) 同上，34頁．
3) *Report of the First International Co-operative Congress,* pp. 42-43.

第 2 章　協同組合のビジョンとアイデンティティの歴史　　　　　　　　　　　　85

4) *Ibid.,* p. 43.
5) *Ibid.,* p. 197.
6) *Ibid.,* p. 200.
7) イギリスにおける「利潤分配」論争については，拙著『キリスト教社会主義と協同組合——E.V. ニールの協同居住福祉論』日本経済評論社，2002 年，および拙論，前掲書，14-21 頁を参照して下さい．
8) 第 1 回 ICA ロンドン大会に参加した国・地域は，イギリス，フランス，イタリア，ベルギー，オランダ，デンマーク，セルビア（当時），スイス，ロシア，オーストラリア，アメリカ合衆国，アルゼンチン，オーストリア・ハンガリー同盟（当時），アイルランド，インド，である．この大会をリードしたのは，「労働者への利潤分配」を主張するイギリス，フランスそれにイタリアの代表であった．特にフランスの代表が，消費者協同組合の指導者である C. ロベールを別にすれば，ICA の設立に協力してきた消費者協同組合ニーム派のジードやボアヴではなく，J.B. A. ゴダンによってパリ郊外のギーズに建設された近代的コミュニティである「ファミリィステール」の生産工場で「労働者への利潤分配」を実行しているゴダン派の協同組合人であったことは，この第 1 回大会の特徴を知らせてくれています．なお，ゴダンのファミリィステールについては拙著，同上（第 4 章）を参照して下さい．
9) シャルル・ジードのこのエッセイ *La Cooperation: Conference de Propagande* は 1900 年に出版されています．なお，引用箇所はこのエッセイの pp. 205-206. です．
10) *ICA Review*, 1923, p. 125.
11) M. ボノーの「構造改革路線」については，拙論「国際協同組合同盟（ICA）100 年の歴史をふりかえる」（『協同組合経営研究月報』(財)協同組合経営研究所，1995 年 1 月号 No .496，24-26 頁を参照して下さい．
12) レイドローによるこの「協同組合の定義」は，①株主あるいは投資家，②意思決定者，③顧客という三者の関係が事業組織において同一であるか否か，という観点から大企業，中小企業および公的企業を協同組合と比較してなされた定義です．したがって，この協同組合の定義は，協同組合では，①出資者，②意思決定者，③組合員の三者が同一である，という「三者の同一性」という観点からの定義です．レイドローは「報告」のなかで，「協同組合の本質は数えきれないほど多くの方法で描かれ，定義されてきた．最も満足のいく，役に立つ定義の一つは，シャルル・ジードによって与えられている」と述べて，ジードの定義を紹介している．「協同組合は，事業経営を手段して，共通の経済的，社会的および教育的目的を追求する人びとの集まりである」．ジードの「協同組合の定義」は本書の序章の観点とも符合しています．
13) モンドラゴン協同組合企業体（MCC）の詳細については，全国農業協同組合中央会『それは「学習」からはじまった：入門モンドラゴン協同組合』2011 年を参

照して下さい．
14) 津田直則「オーストラリアのマレーニ協同組合コミュニティと地域再生：レイドロー報告との関連で」(協同組合経営研究所 (現 JC 総合研究所)『にじ』2009 年秋号，No. 627) を参照して下さい．
15) キース・フォークス著・中川雄一郎訳『シチズンシップ』日本経済評論社，2011 年，5 頁．
16) 同上，1 頁．
17) 同上，6 頁．
18) 同上，8 頁．
19) 同上，157 頁．
20) 同上，160 頁．
21) 同上，160 頁．
22) 同上，248 頁．

第3章

日本における協同組合の歴史と理念

東日本大震災の被災地で頑張る協同組合の人たち（写真提供：日本生協連）

第1節　戦前の協同組合運動

　第1章では，世界の協同組合運動の祖国といえるイギリスにおいて，いかに協同組合という考え方と運動が生まれてきたのかを，第2章では，それが国際的な運動としていかに展開されてきたのかを，それぞれとくにその基本理念である「ロッチデール原則」や「協同組合原則」を中心に見てきましたが，この第3章では，そのような協同組合運動が日本ではどのような理念を掲げ，どのような事業と運動を経験してきたのか，実際の運動の展開を追いながら，見てみることにしましょう[1]．

　今日の日本の協同組合は，そのほとんど全てが，第2次世界大戦後に新たに再スタートを切って，成長してきた運動です．そういう意味では，戦後日本の協同組合史を見れば，現在の各種協同組合のルーツがわかるといっていいのかもしれません．しかしながら，本章ではあえて戦前にまでさかのぼって，日本の協同組合史を描きます．それは，戦前日本における協同組合の歩みのなかには，協同組合という事業体であり運動体でもある存在が，常に考え続けなければならない大きな問題があるのではないかと思われるからです．

(1)　協同組合前史

　イギリスでオウエン派初期協同組合運動が華々しく展開されたのは1830年代，そしてロッチデール公正先駆者組合が創設されたのは1844年のことでしたが，日本においても，「協同」のルーツを辿れば，こうした時代にまでさかのぼることが一応は可能です．「頼母子講」のような農民の土着的相互扶助システムを発展させて，大原幽学が「先祖株組合」という形で，二宮尊徳が「報徳社」と名付けて，農村共同組織を設立したのは1830年代末のことです．これらは，農民たちが資金を拠出することで緊急時に備えるという「講」の慣行を受け継ぐだけでなく，提唱者の理念に導かれた農村における常設の共同組織という性格を持っていましたから，日本で自生した（輸入

物ではない）協同組合のルーツ的存在であるとしばしば評価されています．

　商品経済が発達するなかで，困窮する人々が自己防衛的に，土地を共同で管理したり，相互扶助的な金融を営んだりして，協同の輪を広げようとしていた点で，そこに協同組合の理念と通じるものがあるのは確かです．しかし，こうした動きが，オウエン派やロッチデールの先駆者組合のように，社会改革の理念を掲げた協同の運動として全国に広まるまでに発達することはありませんでしたし，これを継ぐ運動がこの時代には生まれなかったこともまた事実です[2]．したがって，これら幕藩体制下の農村共同組織は，資本制経済という競争社会が確立される以前の，近代的協同組合の「前史」として位置づけられる存在だといっていいでしょう．とくに，消費者の立場からの協同の動きが組織化されるようなことは明治以前の日本にはほとんど見られなかったことには注意する必要があります．江戸は当時世界最大の一大消費都市であったといわれますが，そこに暮らしていた町民は，まだ消費者としての「市民」ではなかったのです．

　つまり，他の社会制度や科学技術と同じく，協同組合という考え方もまた，明治維新という近代化革命を経てから，欧米より日本に伝えられ，移入されて，定着したものでした[3]．

(2) 明治期の協同組合思想と産業組合

　イギリスをはじめとするヨーロッパ諸国で協同組合というものが流行っているという情報は，まず経済学の書物によって日本人に伝えられました．当時イギリスやアメリカで広く読まれていた経済学書のなかには，古典派経済学の末期を代表するジョン・スチュアート・ミルに強く影響され，相当なページを割いて協同組合運動のことを説明しているものが多かったのです．とくにイギリスで子ども向けに執筆されたフォーセット夫人の『初学者のための経済学』（初版，1870年）は，内容がやさしくわかりやすいということで，大量に輸入されたり，何種類もの海賊版が日本でつくられたり，複数の翻訳が刊行されたりして，明治初期の経済書においてベストセラーとなった書物

図1　フォーセット夫人の『初学者のための経済学』と邦訳『宝氏経済学』

ですが，このなかでは協同組合のことがかなり詳しく説明されています．ロッチデールの存在を日本語で初めて紹介したのも，この書の林正明による翻訳『経済入門』(1873年) であり，続いて刊行された永田健助訳『宝氏経済学』(1877年) でありました．

そして1878年，馬場武義が「協力商店創立ノ議」という記事を『郵便報知新聞』に連載し，ロッチデールその他のイギリス協同組合運動を紹介するとともに，日本においても協同組合を創立すべきだと呼びかけます．馬場は，労使の衝突とストライキが絶えないイギリス経済の轍を日本が踏むことを危惧し，労働者と資本家が一体化している協同組合であれば，そうした懸念が無用であろうと考え，協同組合の設立を推奨したのです．そして，多くの実業家や知識人たちが，こうした後発資本主義国特有の解釈を伴った馬場の提言に応じて，その翌年，東京と大阪で実際にロッチデール式の協同組合「共立商社」，「同益社」，「大阪共立商店」を設立します．庶民による自発的な社会運動というよりも，社会の上層の人々に先導された実験的試行という色彩が強いものではありましたが，翌1880年に誕生した「神戸商議社共立商店」も含めて，これらは日本における最初の近代的協同組合設立の実験であるといえるでしょう．

一方，明治政府はこれとは異なった形で，協同組合をヨーロッパから移入

しようと考えます.

　平田東助に代表される政治家，官吏たちは，イギリスではなくドイツに目を向けます．シュルツェ−デーリッチやライファイゼンに代表されるドイツの協同組合運動は，後進資本主義国であるドイツにおいて，階級対立の激化を回避する順調な産業発展をめざす社会政策の一環として，国家の庇護のもと信用組合を中心に発展していました．ドイツと日本がおかれた状況はよく似ていると考えた平田らは，まずシュルツェ系の信用組合を導入することを考えて信用組合法案を 1891 年に帝国議会に提出します．議会の解散によってこの法案は日の目を見ませんでしたが，ライファイゼン系の農村協同組合の要素を盛り込んだ第 1 次産業組合法案および第 2 次産業組合法案が 1897 年と 1900 年に提出され，計 3 年の審議を経て成立します．戦前日本の協同組合を規定する「産業組合法」の誕生です．

　産業組合法では，組合の種類は「信用組合」「購買組合」「販売組合」「生産組合」の 4 種類とされました．のちに見るように，戦後の協同組合法が組合の種別毎に別々につくられていたのとは違って，戦前の産業組合法は一応あらゆる協同組合を包括した法律となっていました．もちろんその中心は，富国強兵路線を進む日本において健全な農村経済をつくりあげるという政策的意図から，農村の人々に必要な資金を提供し，農具や肥料を共同購入し，農業生産を共同で遂行し，収穫物を集荷して販売するような農村の協同組合でしたが，購買事業において日用品の取り扱いも認められたことから，これを根拠として，都市部の消費者協同組合も産業組合法の認可を受けることができたのです．そのような，今日でいうところの生協は「消費組合」と呼ばれました．

⑶　産業組合と消費組合の発展

　こうして日本の協同組合運動は，産業組合法を手にして，20 世紀を迎えました．しかし，この法律に基づいて設立された産業組合は，人々の自主的・民主的な事業体であり運動体であるはずの協同組合としては，些か問題

があるものであったといわざるを得ません．

　たとえば農村につくられた産業組合は，しばしば「地主の組合」と呼ばれます．農村産業組合は信用組合を中心に設立されていましたが，農業生産において圧倒的多数を占める小作人は，組合においては常に借り手の立場でした．地主が高利で小作人に資金を貸し付ける代わりに，産業組合が地主からの貯金を受け入れ，その資金を産業組合が小作人に融資する，という形です．地主にとっては，資金の安全を保証してくれる産業組合は有り難い存在ですが，小作人から見れば，貸し手が地主から組合に代わっただけで事態は実質的には何も変わらない，ということです．政府と地主が一体となって農村経済の生産力増進を図ることが産業組合を導入した意図であり，働く人々の自発的な協同というよりも，国家による政策遂行の一環としての要素が強かったのが産業組合でした．

　のちに昭和初期，産業組合の発達によって自らの商売に悪影響が出ることを恐れた中小商工業者は大々的に反産業組合の運動，いわゆる「商権擁護運動」を展開しますが，この「反産運動」においても，政府が中小業者を無視して産業組合だけを保護することに，業者は激しく反発しています．

　だからといって，戦前日本の協同組合のなかに人々の自主的な社会運動という要素がなかったというわけではありません．たとえば，無医村の解消をめざして農村に「医療利用組合」が設立されたことも，富国強兵策の一環としてだけではなく，農民自らによる農村社会改良運動として評価する必要があります．産業組合の主流とはなり得なかったとはいえ，一部ではこのような産業組合らしからぬ協同組合運動も展開されていたのです．とくに大正期から昭和初期にかけて，消費組合のなかには活発な（ときには過激な）運動を展開する組合もありました．消費組合あるいは購買組合のなかには，産業組合法の認可を受けた組合と，非認可組合がありましたが，後者のなかには，労働運動と結びつき，ときには社会革命を訴える組合もあったのです．またそうした労働者消費組合以外にも，都市部のサラリーマン層を組織した市民消費組合と呼ばれる組合がありましたが，市民消費組合においても，人々の

自発的な協同による社会改革が訴えられています．

　これらの消費組合は，ロッチデールに倣って協同組合を発展させることで社会を根本的に改革することができるという「協同組合主義」の協同組合論や，社会主義革命における兵站部門として協同組合を重視する「マルクス・レーニン主義」の協同組合論にもとづいて，運動を展開しました．この2つの路線は，「ロッチデールかモスクワか」といわれます．前者の代表が賀川豊彦であり[4]，後者の代表が関東消費組合連盟（の主流派）ですが，両者は友好関係にあるときもあれば，激しく対立し，論争することもありました．その背景には，協同組合のあり方と協同組合運動の方向性をめぐる，国際協同組合同盟（ICA）における路線の対立もあったのです．

(4) 軍国下の協同組合

　しかし，さまざまな考え方があり，路線対立があったといっても，結局は戦争によって無と化してしまったのが戦前の協同組合運動でした．

　消費組合のなかでも，日本社会の改革・革命をめざした組合は，中国大陸における戦火の拡大，軍国主義の台頭とともに，厳しい弾圧を受けることになります．たとえば，当初は「無産者消費組合」と名乗り，反体制的な主張を明確にしていた日本消費組合連盟は，指導者が次々に検挙され，1938年に解散に追い込まれました．また今日の大学生協の前身である「学生消費組合」は，危険思想の牙城であるとして特高警察のターゲットとなり，1940年，東大や早稲田などを拠点に活動していた東京学生消費組合が強制的に解散を命令されます．

　一方，配給制の実施など経済の統制化が進むなかで，統制経済の一部に組み込まれた協同組合の中にはむしろ一時的には業績を伸ばした組合もありました．1930年代後半，軍需生産に集中するため，民生衣料品の生産が制限されるなど，自由市場経済が姿を消していくなかで，「市街地購買組合」と呼ばれた都市部の生協は，統制経済の一翼を担うことで事業高を倍増させています．しかし，イギリス，アメリカとの開戦後，1942年には食糧管理法

が公布され，いよいよ主要食糧である米や麦に至るまで配給統制が実施されるに及んで，配給機関として指定を受けることができなかった消費組合は息の根を止められるのです．戦前に発足した地域の消費組合で，戦争を経て今日まで生き残ることができたのは，わずかに神戸，福島，熊本の生協だけでした．

逆に農村の産業組合は，食糧管理法下で米麦の集荷を一元化して引き受けることになり，事業高を急増させていますが，1943年，農業団体法の制定によって，農会その他の農村団体との合併が進められ，協同組合としての性格を失っていくのです．太平洋戦争下，産業組合は数を10分の1に減らしたものの形式的には生き残ることができましたが，実質的な協同組合運動は日本国内からほとんど姿を消してしまったといっていいでしょう．

ただし，戦前の協同組合の歴史を，軍国主義によって弾圧され，壊滅させられた被害者としての歴史としてだけ捉えることはできません．協同組合は，こうした歴史の流れのなかで，ときには為政者にうまく利用されることもありましたし，ときには自ら進んで体制に協力したこともあったのです．

戦前・戦中の日本には，軍事的な力を背景に獲得した植民地がありました．その台湾においても，朝鮮半島においても，また植民地同然の扱いをした満州（中国東北地方）においても，植民地経営に協同組合が活用されているのです．またそれだけでなく，太平洋戦争の開戦によって日本が東南アジアの諸地域を次々に占領すると，その地域の人々に日本は協同組合を設立させるのです．そして，1940年，「東亜協同組合連絡協議会」という，これら占領地の協同組合が「協議」する場が設けられます．1942年には占領地の協同組合の代表者が招かれて，東京で「大東亜協同組合懇談会」が開催されました．

図2 大東亜協同組合構想を論じる大熊良一著『戦争と協同組合』（1943年）

1940年，国際協同組合同盟（ICA）がイギリスの主張を受け入れ，日本の中国侵略を非難したことを理由に，産業組合中央会はICA脱退を宣言しています．この時点で，日本の協同組合運動は世界から孤立した独自の道を進み始めたのですが，白人が支配する国際協同組合同盟に代わる，アジア人による大東亜協同組合の国際連盟（もちろんその実質は日本人が主導する国際連盟）を樹立しようというのが，大東亜協同組合構想でした．いわゆる「大東亜共栄圏」建設の一貫です．イタリアのムッソリーニやドイツのヒトラーは協同組合運動を当初弾圧しましたが，その後「ファシスト協同組合」，「ナチス協同組合」と呼ばれた協同組合的組織を盛んにつくり，そうした組合の全国連合会まで結成して，自国の統制経済の中に組み込みます[5]．日本の軍国主義も，アジアにおいて協同組合を同様に扱ったのです．

イギリスやアメリカに代表される自由競争体制を，富者が弱者を支配するものとして批判する点で，全体主義と協同組合運動には，少なくとも表面上，一致している点があるのです．それが協同組合をして，全体主義的な社会経済の維持・拡大に利用されたのだとすれば，われわれはなぜこうした動きに戦前の協同組合運動が抵抗し，対抗することが結局はできなかったのか，考えてみる必要があるでしょう．戦前の協同組合運動は，今日のわれわれにとって，ともすれば単なる過去の昔話にすぎないと思われがちです．しかし，「個人と全体」，「自由と協同」を考えるにあたって，今なお多くの教訓を与えてくれるものとして，戦前の協同組合の歩みを振り返ってみることが必要なのではないでしょうか．

第2節　戦後の協同組合運動

前節で見たように，結局のところ，ほとんどの協同組合は，日本における他の組織や人材と同じく，戦争の荒波のなかで，独自の存在意義を発揮し，生き残ることができませんでした．しかし，戦後，民主主義国家として再スタートを切った日本の社会において，協同組合にはもう一度活躍の場が与え

られます．そして今度こそ，協同組合はその機会を逃さずに，国民生活に根を張る運動へと成長することができたのです．

戦後50年余，20世紀後半の日本における各種協同組合の展開はいかなるものであったのか，振り返ってみましょう．

(1) 敗戦と協同組合運動の再建

1945年8月15日，昭和天皇により日本国民に対して，大日本帝国政府が連合国のポツダム宣言を受諾したことが告知されました．1945年に入って，東京その他の都市が空襲で徹底的に破壊され，激戦の末に沖縄がアメリカ軍の手に落ち，広島と長崎に原子爆弾が投下され，最後の頼みの綱であったソ連が参戦するに及んでの降伏であったわけですが，この玉音放送以降，日本人の生活は180度転換します．軍事一色だった政治，産業，社会体制があっというまに崩壊し，民主主義こそが新生日本の旗印であると，新聞，雑誌，放送，教育その他あらゆる媒介を通じて喧伝されることとなるのです．1945年は，その年始と年末で，これが同じ国とは思えないほど，日本という国が激変した年でした．

戦後日本の協同組合運動は，この激変の世に，誕生した運動です．

敗戦は日本国民の精神に虚脱感と安心感とをもたらしたといわれますが，空襲の恐怖から逃れることができた人々を，新たに，というよりも戦中に引き続いて，苦しめたのが，食糧の深刻な不足です．当初，1945年冬には数百万人が餓死するとまで予想された食糧難が，国民生活を襲ったのです．敗戦後わずか3カ月で日本協同組合同盟が設立を宣言した背景には，この食糧難があったのです．

1945年11月，賀川豊彦を会長として，現在の日本生活協同組合連合会の前身「日本協同組合同盟」が設立されます．深刻な食糧難を民主的に乗り切るにはどうすればいいのか．ここで誰もが考えつくのが協同組合です．店に行っても食品が全く手に入らないのであれば，近所の人が集まって，あるいは職場のみんなで協力して，自分たちで食料を手に入れるための協同組合を

つくろうではないかと，全国の人々が立ち上がりました．その趣旨や規模をあらわして，このとき設立された協同組合は「買い出し生協」あるいは「町内会生協」などと呼ばれています．その数は1947年9月末日現在で地域組合1359，職域組合4040，その他80といいますから，戦後日本の焦土に驚くべき勢いで協同組合がつくられたことになります．

　ところが，これらの協同組合は驚くほど短命でもありました．食糧事情がわずかながらも好転したということもあったでしょうが，せっかくできた協同組合がすぐに潰れてしまったのは，協同組合を保護し，その発展を手助けするような制度・法律が整備されていなかったからだとも考えられます．当時存在した協同組合法は，戦前の「産業組合法」でした．前節で見たように，産業組合法は，戦後の民主主義日本の協同組合にふさわしい法律とはとてもいえない代物です．こうして，日本協同組合同盟をはじめとする関係者は，創立以来追求してきた「生協法制定運動」にさらに熱心に取り組むこととなります[6]．

　当時，日本はアメリカ軍を中心とする連合国軍の統治下にありましたから，日本の政府や国会だけで政治が動いていたわけではありません．何をするにしても，ダグラス・マッカーサー司令官率いる連合国軍最高司令官総司令部（GHQ）の承認がなければ物事は進まなかったのです．そこで法律制定運動においても，まずはGHQの理解を得る必要がありました．幸いなことに，日本の占領政策を推進したGHQは，日本国憲法の制定に象徴されるように，当初きわめてリベラルな姿勢を示していました．軍隊とはいえ，日本において理想の国づくりを進めようという大志を抱いた将官が，占領政策をリードしていたのです．したがって，日本協同組合同盟が起草した法案も，民主国家日本の経済を担う民主的事業体を育成する法律として，好意的に受け止められます．事態がこのまま進めば，戦後日本は，協同組合をきわめて高く評価し，これを重視した国づくり，経済復興に進んでいたでしょう．しかし，現実にはそうはなりませんでした．

　GHQの対日占領政策は，朝鮮戦争へとつながる東西両陣営（アメリカと

ソ連）の対立激化に伴い，急速に変化していきます．政治と経済における民主主義や平和主義・戦争放棄を推進した理想派が罷免され，「逆コース」と呼ばれた動きが顕著となりました．協同組合運動に理解を示していたGHQの係官もアメリカに帰国してしまいます．こうして生協法は，後ろ盾を失った日本協同組合同盟によってではなく，厚生省が中心となって，「消費生活協同組合法」という形で国会に法案が提出され，さらに国会でのきびしい審議のなかで相当の修正を迫られて，ようやくのこと1948年7月5日，会期最終日の23時50分，国会を通過することとなるのです．難産の末に成立した生協法は，もはや生協を保護するというよりも，生協を規制する法律と化していました．

　消費生活協同組合法がいかに生協にとって厳しい法律であったかは，「3つの規制」が生協に課せられたことを見れば，理解できるでしょう．

　まず生協には厳格な「員外利用規制」が設けられます（第12条）．これはつまり，組合員以外には生協を一切利用させてはならないという規制です．生協で買い物するには，まずは出資をして組合員にならなくてはいけないのです．さらに「県境規制」も課せられました（第5条）．これは，生協は都道府県の境を超えて活動してはならないという規制です．生協の事業区域は，ひとつの県内に限定されました．そして「信用事業」を営むことが生協には認められませんでした（第10条）．生協の事業内容は，購買事業や共済事業などに限定され，組合員その他からの預貯金を募ることは禁じられたのです．

　要するに，ヒト（客）を集めることも，カネ（貯金）を集めることも，事業を拡大することも，運動を広めることも，生協は著しく制限されたのです．協同組合の台頭によって自分たちの商売が脅かされることを恐れた商工業者らの意向が国会審議に反映し，生協の両手，両足に枷をはめる立法措置がなされたのだと見ることができるでしょう．

　現在，「儲けない金融機関」を掲げて労働者を対象とした金融事業を展開している労働金庫は，1950年に岡山と兵庫で始まったものですが，生協に信用事業が認められなかったことに対する代替措置として1953年に「労働

金庫法」が制定され，労働金庫が労働組合と生協を対象にした会員制の金融機関であることが法的に確認されます．したがって労働金庫は，広い意味で協同組合運動の一翼を担う組織・運動であるといえるでしょう．諸外国では，生協組織のなかに銀行部門がつくられることが多いのですが，日本の生協は法的にそれができないのです．労働金庫も，生協との緊密な連携を維持し続けることに必ずしも成功しているわけではなく，それはすぐに生協における資金不足問題として，1950 年代から 60 年代にかけて，生協経営を直撃することになりました．

　消費協同組合法の制定が戦後日本の協同組合運動に大きな影響を与えた点としては，もうひとつ，この法律が生協，すなわち消費者による協同組合だけを対象にした法律として成立した，ということに注目しなくてはなりません．日本協同組合同盟自身が，制定運動を進めるにあたって「各種協同組合共通の基本法ではなく，個別的協同組合法の制定をめざす」「当面の関心を生活協同組合法（生協法）におく」ということを決めていましたから，これは政府や監督官庁ばかりでなく，協同組合運動自体がめざした道でもありました．諸外国の中には，消費者がつくる協同組合（生協）も，農民がつくる協同組合（農協）も，漁業者がつくる協同組合（漁協）も，全てを対象とした法律，つまり「統一協同組合法」あるいは「協同組合基本法」が制定されている国も多くあります．これに対して日本では，それぞれが別々の法律で規定され，別の官庁に監督されるという，いわゆる縦割り行政が協同組合についても徹底されてしまったのです．

　第 1 章で学んだ言葉で言えば，戦後日本の協同組合は「単一のステークホルダー」を前提とした協同組合となった，ということです．巻末の年譜にあるように，農協を対象とする「農業協同組合法」はいちはやく 1947 年に成立しています．戦後農協の発足には，戦前日本の農村にあった封建的な要素を民主的な協同組合によって一掃したいという GHQ の意向が色濃く反映されています．地主的要素が強かった戦前の産業組合とは異なり，戦後は農地解放によって自作農となった農業者を基盤として，農民による農民のための

協同組合運動が活発に展開されることとなりました．

同様に，漁協を対象とする「水産業協同組合法」が1948年に制定され，「中小企業等協同組合法」の制定（1949年），森林組合を規定する「改正森林法」の施行（1951年）と続きます．こうして，それぞれの協同組合が互いにほとんど影響し合うことなく，独自の発展を始めたのが戦後の協同組合です．生協とは異なり，農協にも漁協にも信用事業を営むことが認められましたし，員外利用も一定程度容認されていますから，これらの協同組合に対しては，生協ほど厳しい規制は課せられなかったといえるでしょう．しかし，そうした農業や漁業の保護・育成という政策を，消費者を巻き込んで展開するという基盤が，日本の協同組合立法，協同組合政策においてはついに形成され得なかったのです．

医療事業を営む医療生協と農協厚生連は，ともに医療協同組合というべき存在ですが，両者の共通点が語られるよりも，生協の種別のひとつとして医療生協が論じられ，農協の一部として厚生連が取り上げられることのほうが多いというのが現実です．次章で見るように，共済事業についても，生協，農協，漁協等それぞれが別々に展開することになりました．「協同組合陣営としての一体性」という点で，戦後日本の協同組合運動には未だに大きな課題が残されているといわなければなりません．

(2) 高度成長期の協同組合

上述のように，協同組合のなかでもとくに生協は，発足当初から足枷をはめられた状態で事業と運動を展開せざるを得ませんでした．しかし生協は，これを逆にバネにして，独自の発展を遂げることとなります．資金の受け入れも顧客の拡大も制限された生協は，その制約の枠内で発展できるような日本独自の方式を編み出すこととなったのです．

日本の生協独自のシステムとして今日世界中の協同組合関係者に知られているのが「班」組織です．当時多くの生協が設立にあたって参照した，協同組合研究所編『生活協同組合便覧』（時事通信社，1949年）には，生協の組織

と活動を地域に暮らす組合員の少人数単位の集まりである班から積み上げていき，地域に密着した生協づくりを行うことの意義が詳しく論じられていましたし，それを実行していた鶴岡生協は全国の生協から注目されました[7]．そして日本生協連の総会で，班こそが生協運動の基礎であると決議されるのです．さらに1970年代に，この班組織が生協の無店舗配送事業と結びつき，班単位で生協への予約注文を行い，生協から週に一度，班に購買品が配送されるという，「班別共同購入」という事業モデルが全国の生協で定着するに至るのです．

図3 戦後生協運動に大きな影響を与えた『生活協同組合便覧』（1949年）

　班別共同購入は，生協法の規制により地域に密着して組合員中心の事業展開を図ることしか許されなかった生協が編み出した，画期的な事業モデルでした．予約販売ですから，店舗のように，過剰に仕入れてしまった商品の廃棄ロスが大量に出ることはありませんし，せっかくの購買機会が品切れによって失われることもありません．班に属する組合員に全面的に依存することで，共同購入では配送コストを最小限にすることができますし，通常の流通業ではとてもできないような宣伝と情報収集を組合員の口コミに頼って行うことができました．班別共同購入は，組合員組織であることのメリットを最大限に発揮させる業態であったということができます．

　これに加えて，生協を高度成長期に躍進させたもうひとつの原動力が「コープ商品」でした．ロッチデール公正先駆者組合が純良な品質の食品を提供することを原則のひとつとしていたことは第1章で見たとおりですが，戦後日本の協同組合，とりわけ購買生協は，これを非常に重視する方針を貫いて発展してきました．その象徴が，生協が独自に開発したプライベートブランド商品であるコープ商品です．

　1960年に日本生協連がコープ商品第1号として開発した「生協バター」

は，量販品として初めて添加物を使わずにつくられたバターだといわれます．政府の基準を守るだけでなく，消費者の「安心・安全」のためにそれ以上のものを追求する生協の方針は，主婦からの圧倒的な支持を受け，食品と家庭用品を中心にコープ商品が続々と開発されます．そしてそれを求めて生協に加入する組合員が激増することとなるのです．

さらに，食料生産者の協同組合である農協や漁協と提携して展開された「産直」も，まさに協同組合らしい取り組みとして組合員からの熱い支持を獲得し，生協のもうひとつのシンボルとなりました[8]．

今日ではスーパーなどの小売流通業者のみならず，外食産業などでも，「産直」と表示された食品，食材が多数取り扱われています．卸売市場を介さずに農家や漁港から直接仕入れることで，安くて新鮮な品物が得られるというのが産地直送の魅力でしょう．しかし生協で扱っている産直品は，これらとは少し違った側面を持っています．

全国各地の生協において，生協産直はそれぞれがおかれた状況や，それぞれがめざす目標に応じて，多様な形で発展してきました．しかし，そのなかでも生協産直としての最低限の共通点をまとめて，簡潔に表現したのが，「生協産直の3原則」と呼ばれるものです．すなわちそれは，「生産者がわかる」「生産，栽培方法がわかる」「生産者との交流がある」の3つであり，現在でも多くの生協で，この3原則が産直事業における最低限の共通了解事項として扱われています．このなかのどれかを満たしていない場合，生協ではそれを産直とは呼べないのです．

生産者や生産方法がわかるというのは，安心・安全を追求する生協として当然のことですが，ここでとくに重要なのは，「生産者との交流がなければ，生協では産直とはいえない」ということです．つまり消費者の協同組合である生協は，単に品質が優れたものを安く手に入れようと，産直のシステムを開発してきたわけではなく，そこにはもうひとつ，食を供給する第1次産業を消費者として応援したいという意図が込められているのです．

前章で見たように，1966年，協同組合原則が改訂され，「協同組合間協

同」が新たな原則として加えられました．産直は，生協と農協・漁協などが協同組合間協同により，日本の食の安心・安全を守っていこうという，まさに協同組合らしい取り組みです．第1次産業特有の市場価格の乱高下に悩み，将来に希望が持てずにいた食料生産者に対して，安定した価格と需要を保証する協同組合間協同の市場外流通システムを推進することが目論まれたのです．そういう意味では，生協における「産直」は，産地直送の略というよりも「産消直結」の略だと理解した方がいいかもしれません．

　高度成長期の1960年代，国民総生産は3倍以上に成長しましたが，生協，農協，漁協といった協同組合にとっても，60-70年代は高度成長の時代でした．生協では，大学生協出身者による「市民生協」づくりが各地で進み，上述のように共同購入やコープ商品や産直を武器にして，地域の生協が急成長を遂げます．農協も，1961年の農業基本法を受け，米麦一辺倒から野菜，果樹，畜産へと生産の多角化を進めるとともに，合併による規模拡大で経営不振から脱します．販売事業においても，購買事業においても，信用事業においても，拡大に拡大を重ねたのが60年代の農協でした．技術発展による漁獲量の飛躍的な増大と，所得向上による魚介類に対する需要の拡大に支えられて，漁協も同様の発展を記録しています．

　しかし，落下傘方式の出店とも呼ばれた生協の急拡大路線は，60年代末，一部生協の経営難を招き，反省を迫られます．そこで組合員活動の重要性を再び確認することで，生協は1970年代を飛躍的な発展の時代とすることができたのです．農協も，1970年代後半には各事業が伸び悩むようになりましたが，そこで強調されたのは，組合員による協同活動の強化でした．

　こうして，1980年代までに，班の組合員に依拠した「日本型生協」，地域の組合員のあらゆる生活をサポートする「総合農協」，という日本独自の協同組合モデルが確立されることになりました．国際協同組合運動のなかでも，日本の協同組合は注目される存在となったのです．

(3) 低成長下の協同組合

1980年,ICAで発表された『西暦2000年の協同組合』,通称「レイドロー報告」は,世界のなかでもとりわけ日本の協同組合関係者に大きな衝撃を与えました.レイドロー報告では,今後世界の協同組合がめざすべき協同組合のモデルとして,日本の総合農協が「多目的協同組合」として取り上げられています.農協のなかでは,農協は営農指導や出荷販売事業など農業経営の支援に純化すべきであり,「専門農協」化を推進すべきだという考え方と,「総合農協」方式で地域協同組合化を図るべきだという考え方とのあいだで長く論争がありましたが,レイドロー博士は「コミュニティ」に注目することで,総合農協を高く評価したのです.

生協関係者にとっても,消費者の要求だけでなく「コミュニティ」や「労働」を重視することを説くレイドロー博士の提言は新鮮でした.それはある意味ではオウエン派やロッチデールの人々がめざした理想を,21世紀に向けてもう一度掲げ,追求しようという提言だと解釈することができるものです.折しも日本経済は,高度成長から低成長,そして長期の停滞,不況へと転換していきます.物質的な豊かさを追い求めるだけでは,社会のさまざまな問題を全て解決することにはつながらない時代がやってきました.1990

図4 レイドロー報告日本生協連版と日本協同組合学会版

年代以降，そのような時代に適応する新しいあり方が，協同組合に求められるようになったのです．協同組合を論じる文章のなかに，「激変」「転換」あるいは「危機」といった語が頻繁に登場するようになりました．世紀末の十数年間，スペインの「モンドラゴン協同組合」が注目され，「労働者協同組合」「ワーカーズ・コープ」が新しい協同組合として脚光を浴びる一方，既存の伝統的協同組合は，事業の上でも，組織運営・統治の上でも，苦戦を強いられます[9]．

　総合農協はレイドローに称賛されましたが，それは裏を返せば，農業という本業での限界を反映した農業協同組合のあり方でもありました．一方では巨額の補助金が投下されたにもかかわらず，市場開放による外国産農畜産物の流入で国産品は苦戦を強いられ，外国産飼料の大量使用も伴って，食料自給率は一貫して低下していきます．農業従事者が高齢化し，減少していくなかで，非農家利用者である「准組合員」が年々増加し，事業展開上重要な地位を占めるようになっていきました．

　それは，たとえば農協系統の信用事業が，農業における相互扶助の金融システムという性格を失っていったことを意味します．本来，協同組合の信用事業とは，たとえば農業経営のための資金を求める農業者に対して，資金の余裕がある農業者が融資するというように，地域における資金循環型の事業であったはずですが，組合員や准組合員からひたすら貯金を集めてそれを外部で運用するという信用事業になってしまったのです．

　バブル崩壊による「住専問題」はその帰結というべきものであり，その解決のために公的負担を強いられた国民から，農協金融はきびしい批判を浴びせられることになりました．組合員から多額の貯金を集めても農協系統内部でそれを運用することができないということで，そうした大量の資金が住宅ローンを専門的に取り扱う業者（「住専」）に融資されたのですが，バブル崩壊によって，住宅金融会社の経営が行き詰まり，農協は融資した資金を回収できなくなってしまったのです．そこで政府からの救済措置が取られたのですが，国民の税金を用いて農協系統の融資の焦げ付きを補填することに，多

図5 住専問題を報じる『朝日新聞』1996年4月12日付

くの国民から非難の声が上がりました．

生協も，それまで大黒柱であった共同購入が揺らぐことで，事業的にも運動的にも大きな転換点に立たされます．班を基軸に据えたことで，高度成長期の生協は大発展を遂げることができましたが，この班を拠点として無店舗の配送事業を展開するには，すくなくとも配送時には組合員が在宅していることが前提となります．しかし女性の社会進出が進んだこと，あるいは不況で家計が苦しくなったこと等々で，先進国のなかでは例外的に男女役割分業が徹底していた日本においても，専業主婦という存在がむしろ少数派になっていきます．それは即，班の危機，共同購入の危機に結びつきました．さらに，それまでクリーンなイメージが定着していた生協においても，大学生協以来，生協運動において指導的な立場にあった人々が，不祥事や経営不振の責任を取って解任される事件が続発，スキャンダルな報道が続きました．

こうして90年代，とくにその後半，日本の協同組合においてもガバナンス（統治）問題が重大課題として浮上し，農協も生協もガバナンスの改革に取り組むこととなります．そこには，営利企業におけるコーポレート・ガバナンス改革の動きのほか，1995年の協同組合原則の改訂や，ヨーロッパにおける協同組合ガバナンスの議論が影響しています．農協は1997年に「JA綱領」を制定し，生協は1999年に「機関運営ガイドライン」をまとめました．また，営利企業のガバナンスにおいて経営の「執行と監督の分離」が追求されたことにも刺激されて，それぞれ法を改正することにより，農協においては「経営管理委員会」の制度が設けられ，生協においては理事の責任と

権限が明確化されています.

　さらに，社会の新しい動向と組合員の要求に応える事業として，生協では「個配」事業が本格化します．班の維持が困難になったことで，無店舗事業も個人対応の事業に転換することがもとめられたのです．個配のパイオニア的存在であった道央市民生協は，個配の導入には消極的な理由ばかりではなく，女性の社会進出を生協として後押ししたいという積極的な理由もあるのだと説明しています．生協の班活動は，まさに協同組合らしい，組合員の参画だと評価されてきましたが，それは生協による女性の無償労働の利用ではなかったかという批判に耳を傾けることも必要でしょう．個人加盟制の生協では，組合員のほとんどは女性であり，組合員理事も女性で占められていますが，常勤理事と呼ばれる職員出身の経営幹部には，どこの生協でも女性はほとんど全くいないという状態でした．現在もこうした傾向は続いていますが，これで本当に消費者の願いをかなえる生協をつくっていけるのか，考えなければなりません.

　世帯加盟制の農協では，年輩の男性によって組合員や役員が占められており，生協以上に問題は深刻です．しかし，このような農協でも，当初は女性部によってささやかに進められていた「直売所」事業が，徐々に核となる事業へと成長していきます[10]．年輩男性の発想だけでは21世紀に生き残れないことを，危機が叫ばれた世紀末の協同組合は示していたのです.

第3節　格差社会における協同組合運動

　日本の協同組合運動は，その危機と転換が語られるなかで21世紀を迎えました．しかし，時代はむしろ協同組合を必要としていたのです．新旧の世紀を挟んで，日本はいつのまにか先進国でも有数の「格差社会」になっていました．「新自由主義」と呼ばれるイデオロギーが盛んに唱えられ，競争を万能視する「規制緩和」が進み，競争の敗者には「自己責任」という言葉が投げかけられるようになります．協同組合運動を生み出した，あの産業革命

図6 生協の夕食宅配（東都生活協同組合）

期のような貧富の格差，階層の格差，生活の格差が，再び日本社会に蔓延することになったのです．

　そういう意味で，21世紀は協同組合にとって，試練の時代でもあり，可能性の時代でもあるといえるでしょう．20世紀の協同組合運動のどこを受け継ぎ，どこを乗り越えなければならないのか，考えてみましょう．

(1) 超高齢社会・格差社会と協同組合

　再び日本にやってきた格差社会は，史上類を見ない超高齢社会でもあります．高齢者の生活に対して，いかに協同組合が関わっていけるのかが重要な課題となります．介護保険制度の導入によって，「官」だけではなく「民」が福祉サービスに参入することが推進されていますが，基本的に営利企業である民間企業にその全てを任せられるわけがないことは明白です．そこで「民間・非営利」の事業体である協同組合に，政府や自治体からの期待が集まることとなりました．本来は公的機関がきちんと責任を果たさなければならない仕事を押しつけられたという側面もありますが，超高齢社会において，協同組合福祉がきわめて大きな責任を負うようになったのです[11]．

また，それ自体は福祉事業とはいえないものもありますが，いわゆる「買い物難民」問題において，生協その他の協同組合は，全国各地で高齢者を中心とする人々に，無店舗配送事業や店舗からの配達サービス，移動販売車の派遣や臨時店舗の開設等々の形態で，生活に必要な物資の供給事業を行い始めています．さらに，事業あるいは組合員活動の一環として，夕食の宅配や食事会の開催などに取り組む協同組合も拡大していますが，これらは高齢社会において社会的責任を果たそうという，協同組合らしい，あるいは協同組合でなければできない，展開といえるでしょう．

　農林水産業の従事者がどんどん高齢化していることに伴い，当然ながら農協や漁協では組合員の高齢化が進んでいますが，消費者の協同組合である生協においても，21世紀に入って，組合員は急激に高齢化しています．かつては食の安心・安全に敏感な子育て層が生協組合員の中心だといわれていましたが，もはや組合員の平均年齢は50歳を遥かに超え，生協はむしろ中高年層の協同組合になっているのです．そうした状況からしても，協同組合には高齢者のニーズに応える新しい事業展開が今後ますますもとめられることになるでしょう．

　しかし，格差社会のしわ寄せを受ける被害者は高齢者に限りません．むしろ昨今の格差をめぐる論議のなかでは，若年層こそが格差社会の最大の被害者だという側面が指摘されています．ところが，ほとんどの協同組合は若年層を組合員に取り込むことに成功していません．本当はもっとも協同組合を必要としているのは若者であるかもしれないのに，協同組合は彼ら，彼女たちに手を伸ばすことができていないのです．よく指摘される若者の組合離れとは，労働組合だけの話しではなく，協同組合についてもあてはまることです．

　若者の声に応える協同組合づくりができていないというのは，組合員として新しい世代を獲得することができていないというだけの問題ではありません．雇用という点で協同組合は何を達成できているのか，職を求めて切実な状況にある若い人々に対して民主主義を標榜する事業体としてきちんと対応

できているかという問題は，組合員の問題よりもむしろ大きな問題かもしれません．

　日本における格差社会の最大の問題は，若年層を中心とする数百万人の人々に，正規雇用の場を与えることができていないということです．若者の低賃金も，無保険・無年金も，住居問題も，突き詰めれば，かつては例外的にしか認められていなかった派遣その他の「非正規労働」が，規制緩和の嵐の中で広汎に認められ，企業が一斉に正規雇用の口を非正規に切り替えたことに，その根源があります．そして協同組合もまた，そうした世の中の流れに無縁ではなく，実は非正規労働を大量に抱えるようになっているのです．

　たとえば，班別の共同購入に代わって，今や生協の主力業態となった個配事業も，非正規労働者がなくては成り立たないといわれています．個配は，組合員数名が集まる班ではなく個々の組合員宅に別々に配送するという業態ですから，班単位の共同購入に比べて，配送の手間は数倍になります．本来であれば，生協はそのために大量の職員を雇わなくてはならないはずですが，価格競争が激しい流通業界において，そんなことはとてもできません．さまざまな試行錯誤の上，ついに生協が見つけ出した解決策は，配送を全て専門の配送業者に委託することでした．こうすれば，採用した職員を定年まで抱え，いずれは昇給させたり，他のポストを用意したりすることなく，若い労働力を常に必要なだけ確保することができます．

　こうして，ほとんどの大規模購買生協が，生協が直接雇用する正職員やパート職員以外に，生協自らは雇用主とならない非正規職員（派遣労働者や委託・請負労働者）を相当数抱え込むことになりました．非正規職員が担当するのは，個配の配送業務やコールセンターの業務などが代表的です．こうした組合員と接触する最前線の職員の多くが，実は生協の職員ではないのです．そのほか，店舗運営や組合員の拡大業務などにも非正規職員が従事している例が見られます．

　かつて生協の労働問題は「セ・パ」（正職員＝フルタイム労働者とパート職員＝時間限定労働者）の問題だといわれ，とくにパート職員の処遇につい

ては，労働組合を中心にさまざまな意見が交わされました．店舗の責任者を
パート職の女性が務める「パート店長制」を流通業界のなかで最も早く取り
入れたのは生協ですが，これを「パート労働者にもやりがいのある仕事を提
供する方策」として捉えるか，「管理業務までも安上がりに済ませようとす
る方便」と見るかで，評価は全く分かれます．しかし，いまやパート職員で
さえも，労働組合に組織され，昇給や賞与や継続雇用が事実上保障された
「正規雇用」の範疇にあるものとして，非正規労働者から憧憬の目で見られ
るような時代なのです．

　事業体として経営が成り立たなければ，協同組合は消滅してしまいます．
したがって，事業を通じて運動の目標を達成しようという協同組合は，運動
の論理だけでは動けません．ときには矛盾を抱え，ときには妥協を強いられ
ることもあるでしょう．しかし，東京への一極集中が進むなかで，とくに地
方においては，協同組合にまず期待されるのが「雇用責任」，つまり「まと
もな職場を提供すること」であることも多いでしょう．田舎に帰っても役場
の他には農協と生協くらいしか働き口がないということは，よく言われるこ
とです．そういう状況のなかで，「コミュニティに責任をもつ」ことを自ら
宣言した協同組合が何をすべきなのかを，いかにコストを節約して組合員に
貢献するかという問題と同じように，議論することが必要です．そうでなけ
れば，協同組合は中高年の組合員の利益だけを考える閉鎖的な組織であると
して，ますます若者から離れた存在となってしまうでしょう．

(2) 21世紀の協同組合

　事業体としての経営目標と運動体としての社会的目標との両方を追求しな
ければならないというのが，協同組合の宿命です．誕生以来，協同組合は常
にこのバランスをどう図るかに悩まされてきましたが，21世紀の協同組合
にはますますこの問題が大きくのしかかってくるでしょう．

　効率性を求めて合併が進められた結果，かつてはそれぞれの町，村あるい
は集落に必ず1つあった農協や漁協の数は激減しています．奈良の農協や宮

城の漁協など，一部の県では全県をまとめる巨大協同組合も誕生しています．それは県境規制が課せられた生協においても同様で，県内の拠点生協への弱小生協の統合が1970年代後半から進められていましたが，90年代にはそれをさらに進めて，近隣県の生協が集まって「事業連合」を組織する動きが各地方で一般化します．商品の調達をはじめとする事業を各地域で統合する事業連合化によって「規模の利益」を確保し，全国に展開するチェーンストアに対抗することが，21世紀初めの大規模生協の基本路線となりました．2008年には生協法が改正され，隣接県まで事業展開が可能となったことから，隣接県の生協と合併をするか，それとも事業連合化を進めるか，大規模化にもバリエーションが生まれようとしています．

さらに，農協の「協同会社」に見られるように，協同組合が子会社的な組織をつくり，その組織に事業運営を任せるということも，さまざまな協同組合で見られます．大規模化した協同組合における事業遂行の仕組みは，2次組織，3次組織の設立や，組合員がつくるワーカーズ・コープや外部企業への業務委託等々によって，それぞれの協同組合において組合員の1人1票制で方針が決められるというだけの単純なものではなくなっているのです．そして組合員のことだけでなく，コミュニティに存在するあらゆるステークホルダーを考慮に入れた事業と運動を進めることが，21世紀の協同組合にはもとめられています．21世紀の協同組合は，その組織構造も，目標も，おかれた環境も，複雑で多様化しているのです[12]．

しかし，こうして協同組合組織の構造が複雑となり，組合員とステークホルダーが多様化することによって，協同組合がもっとも大切にしてきた食の安心・安全を脅かすような不祥事が協同組合運動の内部にも生じてしまったのが，世紀の転換期でした．21世紀初頭から現在に至るまで，偽装表示を中心に，食品産業の信頼を揺るがすさまざまな事件が国の内外で報じられていますが，協同組合もそれとは無縁ではなかったのです．

2002年，狂牛病問題が発生し，牛肉の需要が激減，逆に豚肉と鶏肉の需要が急増します．そこで鶏肉の品不足から起こったのが全農チキンフーズ事

件でした．全国農業協同組合連合会（全農）は，「単位農協−各県経済連−全農」という農協の経済事業組織の頂点に立つ存在ですが，1990年から全農はその食鳥販売事業をすべて全農チキンフーズ株式会社という「協同会社」に任せており，さらにそれを鹿児島県において担っていたのが，かごしま組合チキンフーズという子会社でした．関東地方の大手生協をまとめるコープネット事業連合は，ここから「鹿児島県産無薬飼料飼育若鶏」を仕入れていたのですが，鶏肉需要の急増で欠品となることを危惧した全農チキンフーズは，タイや中国から輸入した鶏肉を鹿児島産と偽って生協に卸させていたのです．個々の農協は組合員民主主義によって運営されているとしても，そこから遠く離れた2次組織，3次組織で「協同組合間協同」を踏みにじる不祥事が起こったわけで，この他にも茶や米，豚肉などで，全農の子会社や県本部が偽装を行っていたことが次々に発覚します．こうした偽装事件で逮捕者を出し，業務停止命令を受けた全農の信用は地に落ちてしまいました．

さらに2007年から翌年にかけて発覚したミートホープ事件や毒入り餃子事件は，一連の食の不祥事を代表する事件であり，生協の信頼を大きく揺るがした事件です．

2007年，牛肉100％をうたう「CO-OP牛肉コロッケ」のなかに豚肉が混入していることがマスコミのDNA検査で判明し，内部告発によって，製造元のミートホープ社では牛挽肉を水増しするためにパン粉や鶏肉などを意図的に混ぜていたことが明らかになります．生協が提示した価格で唯一コロッケの製造を引き受けたのが同社だったのですが，その裏では社長の指示のもと，とんでもないコスト削減策が実行されていたのです．これに続いて，2008年初めには，日本生協連が傘下生協を通じて千葉や兵庫などで販売した「CO-OP手作り冷凍餃子」を食べた組合員家族が食中毒となり，回収した製品から有機リン系の農薬が検出されるという，毒入り餃子事件が発生，日本中が大騒動となりました．この冷凍餃子は中国の工場で製造され，輸入されたものですが，意図的に毒物が混入されたものと思われます．

安心・安全を旗印としてきた生協において，しかもそのオリジナル商品で

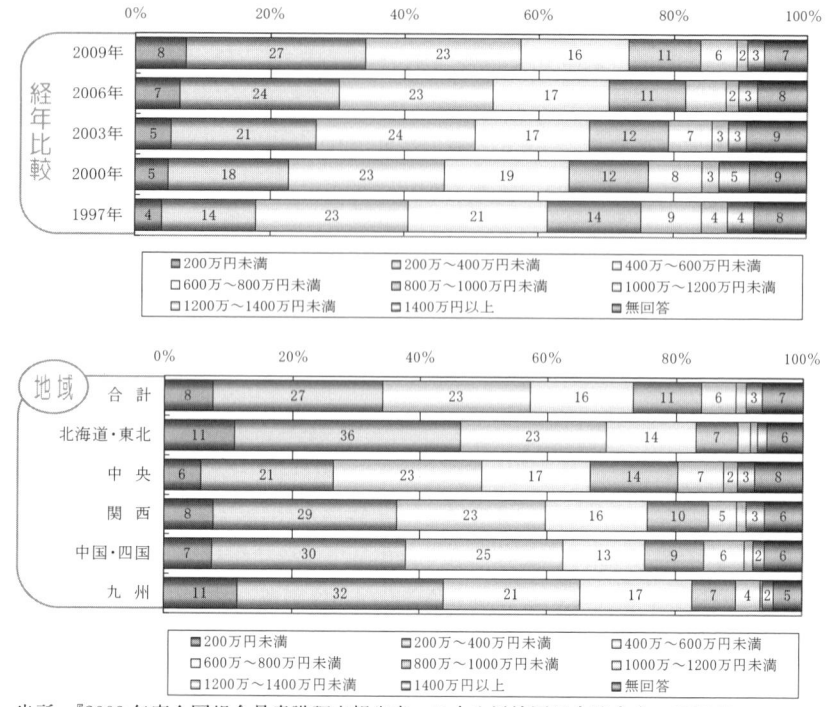

出所 『2009年度全国組合員意識調査報告書』日本生活協同組合連合会,2009年.

図7　地域生協組合員の世帯年収（夫婦を合わせた年収）

あるコープ商品において，このような重大事件を起こしてしまったことで，生協は組合員のみならず広く国民から糾弾されることとなりました．価格競争ばかりを考えた結果，安全が疎かにされたのではないかと，製造委託先の選定・管理をはじめ，食の安全を確保するためのあらゆる段階での見直しが行われます．こうしたことを徹底することはもちろん重要なことですが，これらの事件を起こしてしまった背景にも注意を向ける必要があるでしょう．

かつての生協は，比較的年収も消費者意識も高く，安心・安全に徹底してこだわる消費者が中心となっていた協同組合でした．しかし今や，国民の3分の1以上を組織するまでに成長した（地域生協の世帯組織率は2010年度，35.2％となっています）生協にはさまざまな組合員が集まります．その年収

第3章　日本における協同組合の歴史と理念　　　　　　　　　115

図8　東日本大震災の審査活動を行う共済職員

も年々低下し，2009年の調査では，年収400万未満という組合員世帯が3分の1を超え，北海道・東北地方に至っては，それが5割近くに達しています（図7）．当然このような組合員の意識は，1970年代に生協に結集した組合員のそれとは異なるでしょうし，意識だけではなく，現実の生活において，価格を考えるととても生協は利用できないという層も増えているのです．「品質がいいものはそれなりの価格がする」というのは真理ではありますが，それだけでは片付けられない現実を前にして，協同組合がより多くの人々に安心・安全を届けるためにはどうすればいいのか，消費者の協同組合も生産者の協同組合も，考えなくてはなりません．

　また，「食」の問題を考えるにあたっては，単に栄養や安全性だけを問題にするのではなく，食文化の問題，コミュニティの問題，食料自給率の問題，環境問題，南北問題，教育・子育ての問題等々とも関連させて考察する必要があります．地産地消，フードデザート，フードマイル，フェアトレード，食育，子育て支援等々の運動に各種協同組合がどう取り組むのか，協同組合がいかに組合員に貢献するかという点でも，協同組合がいかに社会的な存在意義をアピールできるかという点でも，注目されているのです[13]．

　2011年3月11日，東日本大震災が発生しました．協同組合陣営は阪神・

> **コラム**
>
> ### 東日本大震災からの復興と協同組合
>
> 　2011年3月11日の東日本大震災でもっとも被害が大きかった協同組合は，宮城と岩手の漁業協同組合ですが，両県の復興プランは対照的です．宮城県では，復興特区を設定して，営利資本も導入しながら復興する漁港を選別することが計画されていますが，岩手県では，漁協が中心となって被災した全ての漁港を再建していくことを基本方針としているのです．農林水産業の震災被害と復興については，農文協ブックレット3『復興の大義－被災者の尊厳を踏みにじる新自由主義的復興論批判』（農山漁村文化協会，2011年），白須敏朗『東日本大震災とこれからの水産業』（成山堂書店，2012年）などを参照して下さい．
>
> 　さらに複雑なのは，福島県を中心とした農林水産品の放射能汚染です．これにどう対応するのか，協同組合によって，また組合員によって，意見は大きく異なります．生協が企画する東北応援セールには，組合員から激励と批判の双方が寄せられています．食の安心・安全も，生産者との協同も，ともにこれまで生協が大切にしてきたものですが，それらがあたかも両立しないかのような状態に消費者の協同組合が巻き込まれ，生産者の協同組合が翻弄されているのです．
>
> 　東北地方において，いかに地域の復興を図るかという問題は，長期にわたって日本の各種協同組合における大きな課題となり続けるでしょう．

淡路大震災の経験と教訓を生かし，地震や津波の被害者，被災地に対して，めざましい救援・復旧支援活動を展開します．しかし，原子力発電所の事故による放射能問題を含めて，各種協同組合がいかに被災地の本格的・長期的な復興に貢献していけるのか，その道筋はまだはっきりとは見えていません．組合員からも，組合の外部からも，さまざまな意見が寄せられており，それをまとめることは容易ではないと思われます（コラム「東日本大震災からの復興と協同組合」を参照）．

　しかし震災後，国内ではかつてないほど，人と人との絆の大切さが強調されています．それは，潜在的な，協同組合への期待であるといえるでしょう．この章では，「食」の生産者とその消費者による協同組合運動を中心に見て

きましたが，その他の分野でも，協同を原理とした非営利の協同組合組織が日本中に展開されています．たとえば金融の世界では，すでに見た労働金庫のほか，信用組合や信用金庫等の協同組織金融機関がそれぞれの地域で根を張り，活動しているのです．それら「絆」「つながり」づくりを追求してきた協同組合の真価が，いま問われているのです．

注

1) 日本の協同組合史についてもっとも網羅的に解説している信頼できる文献としては，未だに『新版協同組合事典』（家の光協会，1986 年）が筆頭にあげられるでしょう．その後，個々の種別協同組合については，『現代日本生協運動史』（上・下，日本生活協同組合連合会，2002 年）のような年史がまとめられています．

2) こうした思想を協同組合に生かそうという動きは，むしろ時代を遥かに下った第 2 次大戦後に目立ちます．たとえば，ユートピアをめざす漁協といわれた野付漁協など北海道の漁協の出発点には「譲りと協同」という報徳思想があると指摘されています．二宮尊徳と報徳思想については，その影響を強く受けた人々によって非常に多くの書物が刊行されていますが，史料に基づいた研究書としては，二宮康裕『二宮金次郎の人生と思想──日記・書簡・仕法書・著作から見た』（麗澤大学出版会，2008 年）などがあります．

3) ただし，明治維新後いちはやく輸出産業として発展し，資本主義的な世界市場に組み込まれた製糸業や製茶業においては，外来の協同組合の実験が始まったのと同じ明治 10 年代に，生産者による自主的な協同組織づくりが始まっていました．群馬の前橋精糸会舎，碓氷座繰精糸社や，静岡の益集社，三栄社等々は，日本独自の生産者協同組合の結成と捉えることもできるでしょう．

4) 賀川については，第 3 章を参照して下さい．

5) 2 度の世界大戦と協同組合との関係，とくにファシズム諸国における協同組合運動の運命については，ジョンストン・バーチャル『コープ─ピープルズ・ビジネス』（大月書店，1997 年）の第 7 章および第 8 章を参照して下さい．

6) 戦後初期の生協運動の復興と生協法の制定については，日本生活協同組合連合会編著『生協法のはなし－その成り立ちと歴史』（コープ出版，1998 年）や，宮部好広『改正生協法を考える』（コープ出版，2008 年）を参照して下さい．

7) 1970 年に刊行された『生協奮戦記』を復刻した，佐藤日出夫『安心して住みつづけられるまち─復刻・鶴岡生協と住民運動の経験』（同時代社，2000 年）は，家庭班の活動など，現在「共立社」となった鶴岡生協のあゆみを描いています．

8) 産直については，山本明文『生協産直，再生への条件─「ホンモノ」と「顔の

見える関係」を求めた 30 年』(コープ出版，2005 年) など，多くの文献があります．
9) 日本の農協や生協は，レイドロー報告の衝撃を受けて，モンドラゴン協同組合を視察し学ぶツアーを毎年のように企画し，現在でもそれは続いています．『それは「学習」からはじまった―入門モンドラゴン協同組合』(全国農業協同組合中央会，2011 年) を参照して下さい．
10) 関満博・松永桂子編『農産物直売所／それは地域との「出会いの場」』(新評論，2010 年) は，農協からの理解が得られないなかで自主的に農村の女性たちが直売所を設立し始め，その刺激を受けた JA も大規模直販所の事業に本格的に参入，現在では全国に 1 万カ所以上の直売所が存在しているとレポートしています．
11) 生協に対して好意的であり，かつ批判的な立場を取る，上野千鶴子『ケアの社会学―当事者主権の福祉社会へ』(太田出版，2011 年) は，協同組合からなる「協同セクター」の重要性をジェンダー論の視点から強調する大著です．
12) ステークホルダー・モデルによって新たな生協像をどう描くかについては，もう一度，第 1 章を参照して下さい．また，増田佳昭『規制改革時代の JA 戦略―農協批判を越えて』(家の光協会，2006 年) は，ステークホルダー・モデルを採用していませんが，総合農協における多様な組合員をどう組織するかという問題を論じ，「新たな総合農協」の姿を展望しています．
13) 経済のグローバル化が進むなかで「食」の問題を環境や文化との関わりでどう考えるべきか，若森章孝編著『食と環境―問われている日本のフードシステム』(晃洋書房，2008 年) を参照して下さい．

第4章

日本の共済協同組合の歴史

労金協会の総会で挨拶する賀川豊彦氏（1958年）

日本の共済は大きく発展し，以前では考えられないほど国民生活に定着しました．そのことによって消費者側からは「共済と保険の違い」がみえにくくなっているといえるでしょう．本章では，日本の「協同組合の父」そして「共済の父」であり，2度もノーベル平和賞候補となった賀川豊彦（1888-1960）を案内役として，共済の歴史を振り返っていきましょう．

第1節　共済前史：戦前から敗戦へ

　日本には中世以降，村や町に庶民の自然発生的な共助組織「頼母子講」「ゆい講」などが存在していました．しかし，明治時代に近代化が始まると多くは消滅していきました．
　一方，「富国強兵」を目指す明治政府は，欧米の先進的制度を日本に移植しようと力を注ぎ，ドイツの協同組合に注目します．「協同組合制度は国民の多数を占める農民の生活の安定に寄与し，結果的に政治の安定にも繋がる」．明治政府はこのように考えて，1900年「産業組合法」を成立させます．日本初の協同組合法であり，加入・脱退の自由，人格的平等（1人1票）といった原則が盛り込まれていました．しかし原則にみられるように，協同組合の理念は本来，組合員の「下からの」自発性にあります．政府の「上からの」協同組合の育成方針との間にギャップがあり，そのことは産業組合法の形骸化をもたらすこととなります．後にその矛盾を克服して自発性を持った「真の協同組合」を作ろうと奮闘するのが賀川豊彦です．それでは賀川はどのような人物だったのでしょうか．社会評論家，ジャーナリストとして活躍した大宅壮一（1900-70）は賀川について次のように評しています[1]．

　　明治，大正，昭和の三代を通じて，日本民族に最も大きな影響を与えた人物ベスト・テンを選んだ場合，その中に必ず，入るのは賀川豊彦である．ベスト・スリーに入るかもれない．〔中略〕大衆の生活に即した新しい政治運動，社会運動，農民運動，協同組合運動など，およそ運動と

名のつくものの大部分は賀川豊彦に源を発していると云っても決して云いすぎではない．

(1) 元祖「社会起業家」として

兵庫県神戸市に生まれた賀川豊彦は，徳島に居を移して旧制中学時代に洗礼を受けます．病弱な反面，目立ちたがり屋だった賀川は，その後明治学院および神戸神学校でキリスト教を学びます．大宅の述べるように，当時の日本では，封建的社会から解放されたいと思う，先進的で野心的な青年が神学校に入学しました[2]．病弱だった賀川ですが単なるプロテスタント系の牧師に留まらず，後に社会運動家として，起業家として成長していくこととなります．

彼が神学を学んでいる時期，日本は日露戦争（1904年），つまり当時の超大国ロシアとの戦争に勝利して国民は沸き返る一方，国際貿易に乗り出して資本主義社会に変容していきます．1909年，賀川は当時，日本最大のスラム街となっていた神戸市新川に単身乗り込み，キリスト教伝道と救貧活動を始めます．この地には衰退した農村から多数の若者達が流れ込んでいました．

ユニークな賀川はここで初めてビジネスを手がけることになります．協力者を得て翌年秋に，一膳飯屋「天国屋」をオープンさせたのです．利益を貧民救済に当てることを目的としていました．店は大繁盛したものの，無銭飲

> **コラム**
>
> ### 近代資本主義の申し子
>
> 幼くして父母を亡くした賀川は5歳で徳島県の本家に引き取られ，17歳まで徳島で過ごします．この時期，日本には海外から安価なインド藍やドイツ製化学染料が輸入され，農村は伝統産業が大きく衰退しました．藍産業で栄えていた徳島も大打撃を受け，地方の貧困が深刻化していきます．
>
> 賀川を引き取った本家も彼が15歳の時，破産しました[3]．こうした実体験は賀川が生涯にわたって，資本主義の矛盾に正面から向き合う原動力となったのかもしれません．

> **コラム**
>
> ### 甦った天国屋
>
> 賀川が神戸で社会運動に身を投じた100年後の2009年,有志によって同地に賀川記念館が再建されました.同館は賀川らの意志を引き継ぎ,コミュニティセンターとして地域福祉に努め,平和を望み,共に生きる社会をつくることを目指しています.
>
> 天国屋オープンから100年後の2010年には,地域住民の憩いの場として「天国屋カフェ」を試験的にオープンし,若者の居場所作りの支援を行いました.100年前と現在では,社会的課題の質は異なります.しかし支援する側,される側が共に,悩みながら,つながりを通して課題に取り組む姿勢は一貫しています.

食が多くてわずか3カ月で廃業します.次いで,ブラシ工場を作り,スラム街に暮らす女性たちに内職をさせますが失敗します[4].賀川は一過性の慈善活動ではない「何か」を模索していました.貧しい人々が絶望的な状況のなかで,なお有する互いの「絆」,「相互扶助」の潜在力にヒントを見出そうとしていました[5].

彼は活動を続けることのできる,つまり生活の糧を稼げる学位を身につけようと,1914年奨学金をもらって渡米し[6],プリンストン大学に入学して心理学,生物学で学位を取ることとなります.1916年ニューヨークを訪ねた賀川は偶然仕事を求める6万人の労働者の街頭デモに遭遇し,大きな衝撃を受けました.デモが暴力的でなく,整然と行われていることにも驚かされました.賀川はこうした体験を通して[7],貧者の救済には地域における小さな慈善事業だけではだめで,アメリカ型の大きな労働運動が重要と意を強くし,「救貧から防貧へ」[8]向かったともいえるでしょう.

1917年,帰国した賀川は神戸に戻ります.当時の世界は第1次世界大戦(1914-18年)の最中でしたが,国土が戦火に見舞われなかった日本は参戦国からの軍需品の注文が急増して戦争特需に沸き,「成金」が続出していました.他方で,貧富の差,現在でいう「格差」がますます進行していた時期で

した．国際的にみれば，1917年，「ロシア革命」が起きてソ連という世界初の社会主義政権も誕生しました．

貧しいままのスラム街に舞い戻った賀川は，「友愛診療所」という無料医院を作る傍ら，歯ブラシ生産の授産施設を作ります．豊かさから排除された職工を集めて，現在の労働者協同組合のような活動を夢みたのかもしれません．しかし，職工の原料盗難もあって事業は失敗します．起業しては失敗を繰り返す賀川でしたが，机上の理論ではなく「事業」を通して貧困の何たるかを経験主義的に積み上げていくのです．

その経験をもとに，多数の著作を発表していく賀川ですが，1920（大正9）年，彼の起業家精神（entrepreneurship）は思わぬ形で報われます．自伝的小説『死線を越えて』（改造社より出版）が100万部を超える大正時代最大のベストセラーとなります[9]．賀川の名は社会運動家として全国に知れ渡り，各地から講演依頼が舞い込むようになりました．そして，現在の貨幣価値で10億円ともいわれる印税を手にすることとなります．印税のほとんどをその後，彼の手がける社会運動に注ぎ込み，「聖なる投機家」が生まれていくこととなります．

さらに，『死線を越えて』ブームは国政にも影響を及ぼしていきます．内務省，国会がスラムの貧困に関心を持ち，25年「不良地区住宅改良法」が成立し，スラム地区の居住環境の改善に繋がりました．

賀川は知名度を活用して，1921年初めて事業でも成功することとなりました．当時安価だったコーデュロイ地による上下スーツ（夏服，冬服）を開発，「賀川服」として販売し，ロングセラーとなりました．賀川服は自ら設立に関わった関西や東京の労働者生協で販売され，生協に安定的な利益をもたらしました．

また『死線を越えて』は英仏独など各国で翻訳版

PHP研究所，2009年刊

が出版されて社会運動家・賀川の名は国際的に知られるようになり，後に世界3大聖人「ガンジー・シュバイツァー・賀川豊彦」と称されるほどになっていきます．

(2) 「労働運動家」「農民運動家」として

上述したように，アメリカで労働運動に目覚めた賀川は，1917年の帰国後，自ら労働者の立場としてどう行動すべきかを考え，「友愛会」に接触します．すぐに組織で頭角を現し，関西支部のリーダーとなっていきます[10]．友愛会はキリスト教社会主義者であるジャーナリスト，鈴木文治によって1912年に設立され，労働者の教育及び相互扶助を目的とした日本初の労働者の共済組織でした．友愛会に刺激を受けた賀川は，互助の協同組合を作ることで労働者の搾取からの解放を目指します．

また，スト権の確立，治安維持法の撤廃を掲げて盛んになりつつあった日本の労働運動に，「アメリカ民主主義という洗礼」を受けていた賀川は，それまでにない新風をもたらします．それは貧しい労働者でも政治に参加できる，全ての成人男子が選挙権を有する「普通選挙運動」でした．賀川らの活躍もあって友愛会は次第に「労働組合」としての色彩を強め，1925年の普通選挙法成立まで大きな役割をはたしていくこととなります．

『死線を越えて』の大ヒットもあって，賀川は既に労働運動の世界で「関東の大杉栄，関西の賀川豊彦」と呼ばれるシンボルになっていました．しかし，賀川と大杉の運動の進め方には大きな違いがありました．大杉は戦闘的，急進的な運動を主張したのに対して，賀川はそれでは官憲の介入を招きかねないとして，合法的な議会制民主主義に基づく運動を主張し，両者は激しく論争していました．

やがて労働運動で賀川の敗北が決定的となります．1921年夏，神戸の造船所を舞台に，「時の人」賀川の率いる35,000名の労働者がデモ行進に参加する空前の労働争議が起きました．しかし，警官隊と群集の衝突を機に，幹部の一斉検挙，1,300名に及ぶ大量解雇によって組合側は惨敗します（川

崎・三菱大争議).

「敗北の教訓」によって，労働組合内で戦闘的な主張が主流となります．組合の名称から「友愛」の2文字が消えて「日本労働総同盟」となりました．キリスト者として非暴力，穏健路線を唱える賀川は，組合内で居場所を失っていきます．

都市貧民の多くが農村出身だったこともあって，賀川の問題関心は都市から農村に移り始めていきました．1922年，キリスト教牧師でもある杉山元治郎と「日本農民組合」を設立し，小作料引下げ，無産政党の設立など運動を活発に展開していきます．

関東大震災（1923年）では被災地で積極的に支援活動を行い，その後全国各地で講演をして寄付を呼びかけた賀川ですが，日本社会は震災後さらに不安定化していきます．大杉栄は家族共々，憲兵に虐殺されます（甘粕事件）．

こうしたなか，農民運動においてもマルクス主義の急進的，戦闘的な主張が勢いを得て，政治的に左右の対立が激化していきます．穏健路線の賀川は「軟弱」と両陣営から批判されるようになります．彼はこれら運動の最前線から離れ，各地での伝道活動に傾斜していくことになります．賀川は神戸から東京に住居を移すこととなりました．

> **コラム**
>
> ### 大杉栄と賀川豊彦「ライバルとして盟友として」
>
> 労働者による「ロシア革命」の成功は日本の労働運動を始めとする社会運動に大きな影響を与えました．多くの労働運動家はマルクス主義，ソ連の社会主義体制を支持し，暴力革命すらいとわない階級闘争を主張するようになります．この主張に生涯反対し続けたのが，実は無政府主義者の大杉栄とキリスト教社会主義者の賀川豊彦でした．両者の思想，運動論は大きく異なりますが，人間性を尊ぶ人格主義の立場は共通しており，ソ連の中央集権的な社会主義体制について「人間より組織を優先する」として一貫して批判的でした[11]．惨殺された大杉栄を偲んで記念誌が発行されますが，同誌に賀川は愛情あふれる手記を寄せ，彼の死を悼びました．

(3) 「金融×協同組合」への目覚め

1924-25年の欧米の長期視察は，彼に新たな刺激を与えることとなります．海外の先駆的な協同組合運動に触れ，とりわけドイツの都市ではシュルツェ，農村ではライファイゼンといった信用組合運動に感銘を受けました[12]．一般の銀行は豊かな資本家のみを顧客とし，庶民は銀行から資金を借りられず，「高利貸し」に頼らざるを得ない状況でした．こうしたなか，庶民が協同でお金を出資して信用組合を作り，低利で資金を融資するという仕組みを作り上げたことに感銘を受けたのです．金融事業を協同組合が運営することが，日本の都市，農村の「防貧」に繋がるというヒントを海外で得たといえるでしょう．

帰国後の賀川は大学生協である東京学生消費組合（1926年）を設立する等，各大学で消費組合の設立，運営に積極的に関わり，手応えを感じていきます．消費組合の運営方法は協同組合に基づくものであり，学生が自ら出資して組合員となり，商品（消費財）を購入し，運営にも参加する，「出資・利用・運営」という三位一体のそれでした．

1920年代の賀川は多額の私財を投じて，日本に新しい社会運動を「起業」してきました．しかし，政治的イデオロギーの違い，生来の目立ちたがり屋の性格も災いして，運動仲間から厳しい批判にさらされてきました．労働運動から身を退き，農民運動にも限界を感じ，無産政党運動にも失望した賀川は，協同組合運動の中に理想社会の縮図を見いだしていった[13]のです．

1928年，賀川は東京都墨田区（当時は東京市本所区）のスラム街に，住民自らが質屋を経営し，低利で資金融資を受けられる中郷質庫信用組合（現在の「中ノ郷信用組合」）を設立していくことになります．

(4) 共済事業へ

賀川は日本の風土，文化に根ざした「土着的な」キリスト教伝道[14]を行い，全国各地に賀川ファンが産まれていくことなりました．1929年のアメリカ発の世界大恐慌は日本に及び（昭和恐慌），彼は貧困に喘ぐ東北地方をはじ

め，農漁村でキリスト教の伝道活動，昭和三陸地震・大津波の救援活動 (1933年) などを行っていきます．

賀川はキリスト教の隣人愛にもとづく，農村の防貧の具体的方法として協同組合の重要性を訴えます．1933年『農村社会事業』を出版して，失業問題を取り上げます．彼は国家が社会政策として実施する失業保険，健康保険といった全員加入の「社会保険」よりも，任意の人々が連帯した組合方式の失業保険が有効と訴えました[15]．

賀川は『死線を越えて』の大ヒットを通して「小説」の持つ社会的影響力を自覚しており，農村の貧困への社会的関心を高めるため，1934年産業組合グループ発行の月刊誌『家の光』に「乳と蜜の流るゝ郷」という小説を連載します．日本には協同組合を規定した「産業組合法」(2章参照) がありますが，誕生した産業組合の多くは資本家中心で，協同組合の理念からかけ離れていました．賀川は小説で，弱者が絆によって支えあい貧困からの解放を目指す，いわば「真の産業組合，協同組合」を主張したかったのです．協同組合の育成とその活動を通して社会的課題の解決をはかり，相互扶助にもとづく協同組合社会をめざした自伝的フィクションの内容は多くの反響を呼び，各地で産業組合設立がなされました．

また，漁村の貧困への関心を高めるため1933年『海豹のごとく』という小説を発表します．29年に小林多喜二のプロレタリア文学『蟹工船』が出版されて大きな反響を呼んだように，漁民は網元，資本家に酷使，搾取され，貧困に喘いでいました．賀川は漁民の生命を守るため，資本家に対抗した船舶機械利用の協同組合や保険協同組合を提唱していくと共に，全漁連の機関誌に小説を連載して漁協青年から支持されることとなります[16]．

賀川は農村貧困の原因が階級間の不平等だけでなく，地域の資本不足にあると考え始めていまし

家の光協会，2009年刊

> **コラム**
>
> ## 鈴木善幸と漁協運動「足らざるを憂えず等しからざるを憂う」
>
> 賀川に影響を受けた政治家は多くいますが，1980-82年に総理大臣を務めた鈴木善幸（1911-2004）もその1人です．岩手県三陸沖の漁村，山田町の網元の家に生まれた鈴木は岩手県立水産高校（現在の県立宮古水産高校）の在学中に，協同組合運動によって村を貧困から救おうという賀川の著作に感銘を受けます．折しも鈴木の故郷は，昭和恐慌，昭和三陸大津波によって壊滅的な打撃を受け，村民は貧困，悲惨な境遇に陥っていきました．各地の村で伝道し，被災者支援に奔走する賀川の姿は鈴木をはじめとする多くの若者を引き付けました．やがて鈴木は網元制度を批判し，漁協運動に身を投じます．全漁連勤務等を経て戦後日本社会党代議士となり，後に与党の自民党政治家として活躍します．貧しい漁民の立場を忘れず，漁協の発展，小規模漁港の整備等，漁民の生活改善に貢献しました．彼の政治理念「足らざるを憂えず等しからざるを憂う」には賀川の影響が窺えます．

た．つまり，資本主義化が進む中で農村の資金は容易に村外に流出することを問題視し，それを解決するために農村内で資金を循環させねばと考えたのです．具体的な方法として農民運動と協同組合運動を結び付けた「保険の協同組合化」でした．1900年施行の「保険業法」によって保険事業は株式会社と相互会社だけが営めることになっていました．そこで，賀川は産業組合による民間保険会社の買収を試みますが，保険業界の反対もあって挫折します[17]．

35年，大恐慌後のアメリカに招かれて講演した賀川は協同組合を基盤とした，資本主義でも社会主義でもない人間を重視したキリスト教の兄弟愛に基づく経済学「Brotherhood Economics」を唱え，大きな反響を呼びます．講演内容は書籍化され，日本を除く世界25カ国で翻訳出版されました．同書の第7章「兄弟愛の行動」で，賀川は①保険協同組合，②生産者協同組合，③販売協同組合，④信用協同組合，⑤共済協同組合，⑥利用協同組合，⑦消費協同組合，の7種類の協同組合を提唱しています．1920年代の欧州訪問で得た協同組合の知見を下に，賀川は協同組合の新構想を欧米に「逆輸出」

していくのです[18]．賀川の主張したように，協同組合は戦後，日本で急速に発展していくことになります．

1930年代の日本は，賀川のリーダーシップもあって協同組合に注目が集まる一方，それが抑圧されていく時代でもありました．5.15事件（1932年），2.26事件（1936年），日中戦争（1937年）にみられるように国家主義が台頭し，「総力戦」に突入するなか，社会運動自体への弾圧が強まっていきます．マルクス主義は弾圧される一方，1940年には賀川と関わりの深い学生消費組合，労働組合も解散に追い込まれ，一部の協同組合は国家総動員体制に組み込まれていきます．「日露戦争の再来」を夢見る軍部，それを支持する国民によって41年超大国アメリカと開戦します（太平洋戦争）．

コープ出版，2008年刊

当初反戦を唱えていた賀川も，軍部のキリスト教会への圧力が高まるなか，特にアメリカとの開戦後に彼の非暴力平和主義は挫折し，国家主義者へ転向していくことになりました[19]．当時の彼の主な活動は，国内外でのキリスト教伝道が中心となりましたが，42年には「共栄火災」を設立し，その経営を協同組合関係者が担うことで協同組合保険を試みました．

第2節　敗戦後の社会運動と共済の始まり

(1) 焦土における社会運動

第2次世界大戦は，45年8月の日本の「敗戦」で終結します．日本の国富の大部分を喪失させ，国内外で多くの人命を失う「悲惨な」戦争で，アジア各地で約2,000万人の死者を出し，日本国内で約300万人が亡くなりました[20]．ほとんどの都市は廃墟と化しました．戦時中の価値観と権威は崩壊し，日本はいわば「モラルの焦土」[21]と化しました．「どんなに立派な人格者とい

われる人でも，闇の米をくわなければ餓死するしかないような時代で」[22]，戦前以上の貧困と悲劇が日本を覆いつくしていました．

　食糧危機やハイパーインフレに対応して戦時下で弾圧された様々な社会運動が復活します．GHQ（連合国軍最高司令官総司令部）は日本の「民主化」のために社会運動を奨励したのです．代表的な運動が「労働運動」です．45年「労働組合法」が制定され，鈴木文治といった賀川の運動仲間が，次々と労働運動のリーダーとして復帰していきます．敗戦時にゼロだった「労働組合」は，1946年6月には全国で約12,000組合，368万人の加入者を抱え，労働者の組織率は約40％になりました．賀川も九州の炭鉱などで労働運動を展開すると共に，日本社会党の結党式に参加するなど活発に運動を展開していきます．

　草創期の労働組合の最大の目的は食糧確保と賃金引き上げであり，1946年5月の戦後初のメーデーには約200万人が参加し，労働者による革命前夜といった様相でした[23]．民主化によってマルクス主義思想も解禁され，圧倒的な貧困という状況下で，貧困からの解放を「階級闘争」という明解な手法で達成するというイデオロギーは，戦前以上に幅広い国民を魅了し，社会運動に大きな影響を与えました．

　「革命」というスローガンにかき消されがちでしたが，賀川豊彦はかつての同志たちと戦前から暖めていた協同組合の構想を具体化していきます．1945年11月「日本協同組合同盟」を結成し，賀川は会長に選出されます．設立総会の綱領案には，「労働者，農漁民による自主的金融機関の設立と高度なる協同的社会保険の確立」が謳われていました．賀川は「協同組合保険」の設立を目指します．GHQでも賀川の知名度は高く，政府も賀川の主張を認めようとしました．しかし戦前同様，保険市場に新たな参入者を認めたくない金融業界は「保険業法」を盾に協同組合の参入に激しく反対して，協同組合保険構想は頓挫しました[24]．

　賀川は世界平和を目指した世界連邦建設運動にまい進する傍ら，続々と再建される協同組合のリーダーに担がれることとなります．戦前の産業組合法

と異なり、戦後は分野別、タテ割りの協同組合法が公布されていきます。しかし、賀川の活動は戦前同様、タテ割りではなく縦横無尽でした。生協は、敗戦による混乱でほとんどの消費組合が解散に追い込まれ、新たにできた消費組合の基盤も脆弱でした。賀川は自らの政府における人脈等も活用してロビイングを展開し、1948年に「消費生活協同組合法」が成立しました。法的基盤を得た組合は「生協」として全国で再結成されていきます。

こうしたなか、地方の民主化を求めるGHQの奨励もあって47年農業協同組合法、1948年漁業協同組合法が公布され、農村に農協、漁村に漁協が次々と設立されていきました。民間保険業界からの圧力のなか、各協同組合法に「妥協の産物」として「共済事業」の項目が入りました。「認可共済」つまり、事実上の協同組合保険が始まっていくのです。共済の商品開発は保険業界から有形無形の圧力、規制を受けますが、組合員の支持を得て協同組合共済は発展していくことになります。その先駆けとなったのは敗戦の混乱で経営危機にあえぐ農協でした。

(2) 「保険難民」と協同組合共済の始まり

廃墟となった都市部には、密集した粗悪な住宅や戦地からの引揚者のための引揚者住宅が次々と建設され、防火設備もなく火災が頻発していました。また貧しい農村部では生産活動の基盤となる家屋の住環境は依然として悲惨な状態でした。こうした状況下で民間の損保会社は、経営再建のために保険料の値上げを繰り返し、事故リスクの高い都市部や営業効率の悪い農村には保険に加入したくてもできない[25]、いわば「保険難民」が膨大に存在していたのです。

こうしたなか、北海道で農協関係者によって北海道共済連が設立され、「農家家屋共済」と「生命共済」が始まり、農民の大きな支持を受けました。これを受けて、1951年全国組織として「全国共済連合会」(現在の全共連)が設立され、賀川も顧問として協力することになり、共済普及の精神的支柱の役割を果たすこととなります。

全共連は民間生損保会社が無視している農家のニーズに即した保険商品を次々と開発して組合員から大きな支持を集めます．とりわけ，1953年に現在「タテコー」で知られる家屋更正共済（建物更正共済）は，農協の取り組む生活改善「わら屋根追放運動」とも連携しながら拡大し，生命共済も広がっていきます．農協自身も共済によって経営を好転させていくことが可能となりました．

漁協も法改正によって共済事業が可能となり「全水共」（現在の（JF）共水連）が設立されますが，漁業者のニーズに沿った独自の共済商品を開発することに腐心していきます．戦前の賀川が夢みた保険による漁業者の生活の安定は少しずつ実現し，60年代以降生命共済を足がかりに発展していくこととなります．

(3) 労働者共済のはじまり

1950年頃から，労働組合では労働者の相互共済，生協運動では消費者のための協同組合保険の設立が活発に議論されるようになります．労働運動の急進化を恐れるGHQも労働者福祉の向上としてこの動きを容認しました．1949年7月，労働組合「総評」が結成され，9月，現在の中央労福協の前身となる「労働組合福祉対策中央協議会（中央福対協）」が結成されました．福対協は各県に協同組合金融機関である「労働金庫」や，「生協」を設立していきますが，1954年に大阪福対協で小口の「火災共済」が始まり，保険難民である労働者の支持を得ます．続いて55年に新潟福対協，56年に富山，長野，北海道，群馬，広島の福対協が火災共済に取り組むようになります．

新潟福対協は発足5カ月後の55年秋，新潟市中心部を消失させた「新潟大火」で多数の組合員が罹災し，掛金収入を大きく上回る給付金の支払いに直面しますが，組合員や労働金庫の協力で全額給付金を支払います．この危機をきっかけにリスクの軽減という観点から，労働者共済の全国組織化の動きが加速します．1957年，全労済の前身となる「全国労働者共済生活協同組合連合会（労済連）」が設立されますが，賀川は翌1958年顧問として迎え

られました．全国的に知名度の高く，様々な人的ネットワークを持つ賀川は，労働者共済運動のシンボル的役割を果たします．労済連は生協法人として認可され，消費生協や労働金庫と連携しながら，発展していくこととなります．

資金面も含めて日本の協同組合設立の最大の功労者である賀川は60年4月亡くなりますが，晩年賀川は心血を注いだ共済について次のように述べています．

> 保険というものは，その本質上協同組合化されるべきものだ．歴史的に見ても，保険は友愛的または社会性を帯びて出発している．それが途中から，その純真な隣人愛的な発生と動機が失われて資本主義化した．協同組合がもつ道徳的自粛力と，その非搾取的精神と，その共愛互助の機構そのものが，保険の根本精神と一致する．

(4) **賀川の蒔いた種**

彼の死後，賀川イズムは労済連の事業にも受け継がれ，62年「総合共済」（慶弔共済）が始まります．この頃，企業が社員に慶弔見舞金を払う見返りに，労働者の管理を強化し始めていました．労済連はこうした動きが強まれば，再び戦前のように企業に労働者の生殺与奪を握られてしまうとして，労働組合の役割を強化するため，労働者自らの共済として総合共済を開発していくのです．1964年，当時戦後最大の地震となる新潟地震が発生しますが，民間損保会社は「免責条項」に基づいて保険金を一切払いませんでした．新潟労済は手持ち資金を大幅に上回る共済金を被災加入者全員に支払い，結果的に高い社会的評価を得ることとなりました．

賀川と繋がりの深い日本生協連（1951年発足）は，発足直後に保険事業の検討を行いましたが，具体化には至りませんでした．70年代以降，全国各地に消費生協が急進し，基盤が整ったこともあって，コーヒー1杯分の掛金で「死亡10万円，入院見舞金2万円」の小さな保障が始まります．「CO-OP共済」の原点です．

また，大学生協で81年，世界的にも珍しい学生対象の共済が始まりました．賀川の影響を受けた全国大学生協連の会長理事福武直（1917-89；東京大学名誉教授）の提案で，「学生総合共済」が始まり，事故リスクの軽減など学生の学業継続に大きな役割を果たしてきました．福武は次のように言っています．「大学生になった諸君が，自分自身のためであるとともに，多くの学友諸君のためにもなる共済に加入し，連帯の意義を獲得していただき，この事業の発展に寄与してくださるよう願ってやみません」（全国大学生協連）．

第3節　共済の定着と発展

　上述したように，当時「保険難民」といえた労働者，消費者，生産者等によって各種の共済が始まりました．また賀川とは直接関係ありませんが，71年には労済連の流れとは異なる，労働者共済が始まります．埼玉県である労働者が過労で事故死したものの，国の労災補償は適用されませんでした．見兼ねた職場の仲間が，「少ない負担で，事故の際にはすぐ共済金がおりる」シンプルな保障制度を開発し，労働者生協の「県民共済」として発展していきます．県民共済は「年齢や性別に関係なく一律保障・一律掛金」というわかりやすさで，新しい組合員を開拓し，大きく発展していきます．上述の日本生協連の「CO-OP共済」は80年代に組合員の要望に応えて，本格的な共済商品「たすけあい」の開発が始まり，支持を広げていくこととなりました．JA共済も農業を取り巻く環境が大きく変わるなかで，共済商品の開発に努力し，農家の生活にとって重要な保険となりました．

　本節では，各協同組合の共済が定着し発展するなか，「全労済」を掘り下げてみてみましょう．

(1)　全労済の定着と発展

　労済連の設立については前述したとおりですが，労済連は全国組織とはいっても各県の連絡調整機関としての役割しかありませんでした．また共済制

度も各県ごとに制度内容や掛金が異なるなどしていました．

　そうしたなか名実ともに労働者共済のセンターへの期待が内外から寄せられ，全国組織統合へ向けて歩みだすこととなります．しかし全労済創立への道のりは平坦なものではありませんでした．統合のメリットだけではなく，生協として民主的運営は保障されるのか，組合員の期待に応えられるのか等々の議論が重ねられ，1970年に入ると全国の統合に先がけて，地域ブロックごとの統合や共済制度統一などの準備を進め，76年全労済の創立をむかえることになりました．全国統合により，それまで各県でまちまちであった「運動方針」，「共済制度」，「損益会計」，「機関・事務局」の一本化を実現することになります．

　1980年に入ると全国統合の一定の成果を基礎に，80年代の指針となる長期計画を策定します．そこでの具体的な活動のひとつとして，労働者の生活要求全般にわたる事業化を掲げました．その後，組合員のニーズや社会的リスクに対応する共済制度をつぎつぎと実施し，現在では，組合員の生活全般にわたる保障として，遺族保障，医療保障，障害・介護保障から火災などに備える住まいの保障，さらにくるまの補償まで，生涯にわたり総合的に生活をサポートする共済制度を提供するまでになりました．

　多様化する組合員のニーズや社会的リスクの増大に備える共済の実施はもちろん必要ですが，その反面，格差社会のなかで，経済的理由により必要な保障（共済）に入りたくても入れない人々もいます．困った人を助ける，賀川のいう共愛互助の精神の発揮が，今こそ求められているのではないでしょうか．

(2)　地域への進出：こくみん共済

　1980年代には，地域に共済運動をどのように進めるかも大きな課題でした．もとより全労済は労働組合を基盤に成長してきましたが，当初より職場や地域の枠をこえた助け合い事業・運動をめざしていました．発足間もない60年代には，すでに各県において地域活動が模索され，多様な取組がはじ

められました．

　また，地域の勤労者・市民への助け合い運動の普及の模索とともに，地域における組合員の運営参加についても課題としてのぼってきました．

　このように60年代ごろから地域への活動の検討はつづけられてきましたが，本格的な地域進出は，83年の地域向け共済制度である「こくみん共済」の実施からといっていいでしょう．こくみん共済の実施により地域における全労済の認知は飛躍的に高まり，同時にこくみん共済の加入も大きく伸びました．

　こくみん共済は，その後，制度改定を重ねながら680万人（2010年度末期実績）の加入者を得るまでになりました．

　たしかにこくみん共済により地域での認知が高まり，加入は伸びましたが，全労済が協同組合としていかに地域社会に貢献するのか，組合員参加をどう果たしていくのかは依然としてこれからの課題だといえます．

(3) 阪神・淡路大震災の取り組み

　1995年1月17日発生した阪神・淡路大震災は5万人を超える死傷者，建築物の被害総数約25万5,000棟という甚大な被害をもたらしました．共済団体も共済金の支払いをはじめ，全国的な支援・救援活動を展開しました．また，全国からは多くの義援金が寄せられましたが，被災世帯が多く被災者の生活再建はなかなか進みませんでした．このことを契機に翌96年に兵庫県，連合（労働組合），日本生協連，全労済グループ（全労済，全労済協会，日本再共済連）を中心に「自然災害に対する国民的保障制度を求める国民・都道府県民会議」を発足させ，2,500万人もの署名活動に取り組んだことが大きなちからとなり，98年に「被災者生活再建支援法」[26]を成立させることができました．

　「被災者生活再建支援法」が成立したことは大きな成果ですが，それで充分とはいえないでしょう．昨年襲った東日本大震災，そして今後予想される巨大地震や，自然災害が多発するわが国において，さらに制度を拡充するた

第4節　共済のあり方の問い直し

(1) 協同組合共済の「成熟」

1960年代以降，高度経済成長のなかで政府の社会保険制度が整っていきました．しかし社会保険では担えない領域も少なくなく，協同組合の共済はその領域で独自の共済商品を開発することで，国民のリスク軽減に役割を果たし発展していくことになりました．全共連（JA共済連）は民間保険会社と比較しても世界有数の規模を誇るまでになり，全共連，全労済，全国生協連（県民共済），CO-OP共済は「4大共済」と呼ばれるまでになりました[27]．

共済の資産運用については規模が拡大した現在も，リスクの低い公社債の運用が大部分を占めており，加入者同士の相互扶助という共済の理念が窺えます．

他方，共済の課題もみえてきました．2005年民間生損保の保険金不払い問題が生じ，社会問題となりました．そして規模は小さいにせよ，同時期に，共済金不払いが4大共済でも起きました．協同組合共済はかつて「保険商品としてシンプルで安い」ものでしたが，70-90年代に，民間生損保，共済間との競争のなかで，多くの特約が新設され，多様な契約形態が作られました．結果的に事務作業は複雑化し，共済金不払いの一因となりました[28]．共済を行う協同組合はそれぞれリスク管理，コンプライアンスの強化に乗り出しています．しかし，ひたすら消費者の要望に沿った多様で複雑な商品を開発，販売することが，本当に共済としての理念に沿うのかについて検討の余地があるでしょう．

1970年代くらいまで，共済の加入者である組合員，つまり労働者や農家は，「弱者」として社会的に認識されていましたが，現在では労働者も農家も多様化したこともあって，社会的にどう位置づけてよいかがみえにくくなっています．

(2) 共済規制の強化

　協同組合の共済事業は民間の生損保会社からの「規制」「圧力」（本章第2節(1)参照）に常にさらされてきました．しかし，90年代まで安定的に共済事業が発展してきましたし，（JAは農林水産省，全労済は厚生労働省の管轄といった具合に）協同組合法が「タテ割り」「分野別」だったこともあって，私たちは共済の持つ共通の理念や使命を振り返る機会はあまりなかったといえるでしょう．

　賀川の存命中の1959年には全共連，労済連などによって「共済保険研究会」が設立され，92年には(社)日本共済協会に改組されました．分野を越えて共済事業を行う協同組合の連携が行われていますが，人員規模は決して大きなものではありません．

　他方，民間生損保会社業界やアメリカ系保険会社の代理人といえる在日米国商工会議所は多くの資源（人と金）を投入して政治や社会に対してロビイングを展開してきました．協同組合の保険業への参入を認めてこなかった彼らは，かつての主張とは正反対に「協同組合が保険業務を行っている」と言い始めます．そして保険会社と同一の競争条件（イコールフッティング）による更なる共済規制を主張し始めるのです．

　2000年代前半の新自由主義ブームのなかで，彼らのロビー活動は政策に影響を与えることとなります．政府はマルチ商法等で社会問題となりつつあった「無認可共済」の規制を切り口として，共済を「自称」する悪質な保険業者の規制に対応した「無認可保険」問題を，「無認可共済」問題と捉えました．さらに認可共済，つまり協同組合共済を含む共済全般の規制へと拡大させました．

　2005年保険業法の改正，各協同組合法の改正によって，兼業禁止といった協同組合共済への強い規制がかけられていくこととなりました．改正の背景にはミクロ的には契約者保護という観点が浸透したこともありますが，マクロ的には上述のような「共済政治」があったことを理解しておくべきでしょう．

政治と深く関わり，その怖さを知り尽くした賀川は生前，協同組合はただ事業を行っているだけでは駄目で，協同組合や共済のプレゼンスを政治や社会にアピールし続けてきました．その「遺産」を基盤としている日本の協同組合は現在，共済政治の舞台でどのような活動をすべきでしょうか．

(3) 東日本大震災と私たち

2000年代後半，新自由主義ブームは大きく「反転」していきます．私たちがこれまで直視してこなかった「貧困」の可視化がようやくなされるようになりました．「格差」「ワーキングプア」「地方の衰退」「ネットカフェ難民」といった用語がメディアに溢れ，2008年『蟹工船』がベストセラーとなり，社会現象となりました．2008年秋，アメリカ発の金融恐慌（リーマンショック）が日本を直撃し，「派遣切り」は大きな社会問題となりました．（本章のコラム4で取り上げた）岩手県三陸沖は医師不足で医療を受けられない「医療崩壊」がクローズアップされ，「格差社会」の最前線として注目をされました．

同じ頃，本章で紹介したように賀川の作品が次々と復刊し，賀川をテーマとしたシンポジウム，研究会が相次いで開かれるようになります．私たちは賀川ブームをどう捉えたらよいでしょうか．

2011年3月，東日本大震災という未曾有の大災害が起きました．賀川と関わりの深い三陸沖も壊滅的な打撃を受けました．災害後，4大共済をはじめとする協同組合は真摯に共済金支払いを行い，社会的責任を果たしています．しかし，おそらく共済に求められる社会的役割は，より積極的な「何か」でしょう．

100年前，賀川は社会的弱者の立場に立つことでそれを捜し求める旅に出ました．苦闘のなかで賀川の産み落とした共済保険という事業を通して，私たちは改めて現在の「保険難民」が誰なのか，その背景を解明すると共に，それにどう向き合っていくかが問われているのかもしれません．

注

1) 大宅壮一「噫々賀川豊彦先生」田中芳三編著『神はわが牧者賀川豊彦の生涯とその事業』クリスチャン・クラブ社，1960年．
2) 同上．
3) 濱田陽「賀川豊彦と海洋文明」『宗教と社会貢献』1巻1号，2011年．
4) 大宅，前掲論文．
5) 濱田，前掲論文．
6) 同上，56頁参照．
7) 大宅，前掲論文．
8) 伊丹謙太郎「賀川豊彦を読む」『千葉大学公共研究』5巻3号，2008年．
9) 同上，192頁．
10) 同上．
11) 小南光一「賀川豊彦と大杉栄―大正デモクラシー期における労働運動の可能性―」『法政論叢』43巻1号，2006年．
12) 伊丹，前掲論文，191頁参照．
13) 隅谷三喜男『賀川豊彦』岩波同時代ライブラリー，1995年．
14) 山折哲雄「復刻版に寄せて」賀川豊彦『復刻版 死線を越えて』PHP研究所，2009年．
15) 天野マキ「賀川豊彦の執筆活動に視る社会事業の視角―「農村社会事業」の検討を通して―」『東洋大学社会学部紀要』45巻2号，2008年．
16) 濱田，前掲論文，61-62頁．
17) 相馬健次「戦後共済事業の歴史と総括」『にじ』(協同組合経営研究誌) 635号，2011年．
18) 濱田，前掲論文，62-63頁参照．
19) シェル，K-H.『賀川豊彦―その社会的・政治的活動―』教文館，2009年．
20) 雨宮昭一『占領と改革』岩波新書，2008年．
21) 小熊英二『〈民主〉と〈愛国〉―戦後日本ナショナリズムと公共性』新曜社，2002年．
22) 寒河江善秋『青年団論』北振堂，1959年．
23) 雨宮，前掲書，116-117頁参照．
24) 秋葉武「協同組合の社会性―「共済政治」をめぐって―」『共済と保険』2011年2月号．
25) 相馬，前掲論文，66頁．
26) 自然災害によって被災した世帯が自立した生活が始められるよう生活再建を支援する法律．その後2007年の改正により，仕組みの見直しが行われた．制度内容については内閣府HP「防災情報ページ」参照．
27) 相馬，前掲論文参照．
28) 同上，77頁．

第5章

世界の協同組合

ミグロ生協　チューリッヒ空港店

第1節　ヨーロッパの協同組合

　近代協同組合運動は，産業革命で機械化が進み国民の経済的・社会的生活がドラマティックに変化した19世紀に始まりました．とくに，貧しさからの解放をめざした人びと（おもに労働者）の社会的協同の試みは，最初に工業化が完成した国イギリスで着手され，ヨーロッパ各地に波及したことはよく知られています．そして，この協同組合先進地であるヨーロッパにおいて，運動発展の絶対的な牽引力をなしていたのが消費者協同組合でした．しかし，今日では，その運動の国際的発展と拡大にともない，主流は信用協同組合や農業協同組合に移り，エリア別にみると，構成比もアジアや南アメリカの協同組合が多くの比重を占めるようになっています．

　このような中，ヨーロッパ協同組合の現状はどのようになっているのでしょうか．まず，今日におけるヨーロッパの協同組合の全体像を簡単に眺めたうえで，特徴的な協同組合運動の姿をみていきましょう．

(1) ヨーロッパにおける協同組合の影響力

　2006年，各種協同組合の連合団体が業種の垣根を越えて連携するために設立されたヨーロッパ協同組合委員会（Coordinating Committee of European Co-operative Associations）とICAヨーロッパ協議会（ICA-Europe）が合併し，協同組合ヨーロッパ本部（Cooperative Europe）が誕生しました．ヨーロッパ37カ国の協同組合連合組織を構成団体とする同本部によると，会員99連合組織に加盟する16万の協同組合には1億2,300万人の組合員が参加しており，そこで働く従業員は540万人におよぶともいわれています（2011年5月現在）．この数値を見ただけでは，その意味するところはなかなか実感できないかもしれませんが，例えば，フィンランドでは人口に占める組合員の比率が75％以上で，アイルランド，フランス，ドイツ，オーストリア，ポーランド，デンマークなどでも人口の50％以上に該当する組合員数が存

在しています．また，オランダでは農業生産物の8割，フランスの金融サービスの5割，フィンランドの小売業（食品）の3割強，スペインの医療の2割，スウェーデンの森林業の6割が協同組合的な事業形態によって占められています[1]．

このように，ヨーロッパでは依然として協同組合が財・サービスの供給や雇用の面で一定程度の役割を果たしていることが分かります．また，協同組合の発展を支える政府の支援や協同組合間の協力体制も確立しており，脈々と受け継がれてきた伝統と歴史の重みを感じることができます．

他方で，その位置と役割は時代の変遷とともに大きく変化しています．とくに，経済のグローバリゼーションによる国際的な市場再編に多くの協同組合が無関係でいることはできず，伝統的に理解されてきた協同組合の姿，たとえばロッチデールに代表される消費者協同組合の活躍や困窮者の協同運動といったイメージとは異なる現代像が浮かび上がってきます．

以下では，消費者協同組合を手始めに，その今日的な姿をみてみましょう．

(2) **消費者の協同組合**

20世紀は生協の時代でした．産業革命後，近代的な資本主義経済体制が確立したイギリスを筆頭に，フランスやドイツで誕生し，さらに1920-30年代には北欧にまで拡大していきました．しかし，1950年代に入ると経営危機に直面し，1970-80年代に多くの生協が倒産や株式会社化の道をたどることになります．また，経済のグローバル化が進んだ1990年代以降も，多くの大規模生協が国際競争への生き残りをかけた事業統合・提携に取り組みますが，組合員不在のまますすめられた「構造改革」の多くは失敗に終わり，そのあり方が問われる状態に陥りました．その後，スイス，イタリア，北欧の国々では食料品分野を中心に小売シェアを回復させていますが，フランス，ドイツ，オランダ，オーストリア，ベルギーなどでは影響力が低下したままです．

ロッチデール生協の母国イギリスでは，1950年代半ば頃までは小売市場

の12%，食品に限定すると20%ものシェアを誇る一大勢力として君臨していましたが，他国と同様に生協の影響力は次第に低下し，1990年には小売シェア4%にまで落ち込みました．1997年にはCWS（協同卸売組合）とCRS（協同組合小売サービス）非食品部門が投資会社による乗っ取りのターゲットになるという騒動まで起こりました．その後，両者は合併しコーペラティブ・グループ（2000年）になり，さらには国内では大手の単位生協であったユナイテッド生協と合併（2007年），国内チェーンストア・サマーフィールドの買収（2009年）を経て，現在に至っています．これによってコーペラティブ・グループは食品部門では8%を超えるシェアをもつ国内5位の流通グループかつ世界最大の単位生協になりました．コンビニタイプの店舗を軸とした事業展開が同グループの流通戦略の特徴の1つです．郊外型大店舗出店路線から脱却し小型スーパーマーケットを中心とした店舗展開の道を選んだことは，コミュニティベースの協同組合事業のあり方を現代的に模索する動きとして注目されます[2]．

　さて，このようなドラマティックな生協再編の動きの中でロッチデール公正先駆者組合は，今も存在するのでしょうか．現在，ロッチデール生協という単協はありません．しかし，1844年に誕生したRochdale Pioneersは，1976年に隣町のオルダム産業協同組合と合併してパイオニア生協（Pioneers）となり，1982年ノーウエスト・パイオニア生協（Norwest Pioneers），1991年ユナイテッド・ノーウエスト生協（United Norwest），2002年ユナイテッド生協（United），そして2007年の大規模合併をへてコーペラティブ・グループの一員として現在も活動しています．

(3) 農民の協同組合

　ロッチデール型の労働者を中心とした生協運動は，イギリス全土，そしてヨーロッパ大陸やアメリカ大陸にも広がり，19世紀終わりごろには世界的にその地歩を占めるようになりました．その一方で，農村では農民のための協同組合づくりが始まります．

第5章　世界の協同組合

　農民などの小商品生産者の協同組合は，ヨーロッパ大陸で19世紀の後半に生まれました．なかでも，ライファイゼンやシュルツェの思想の影響を受けたドイツの信用協同組合を軸とした「ライファイゼン型協同組合」と酪農を中心とした「北欧型協同組合」は農協の2大潮流であることはよく知られています．

　ライファイゼン型の協同組合は，ロッチデールに並ぶ重要な協同組合の源流の一つで，ドイツ東部からイタリアに至る協同組合の基礎はライファイゼン方式によって築かれました．最大の特徴は信用協同組合との密接なつながりで，その始まりは，農民，手工業者などの小商品生産者たちが高利貸しにかわる相互扶助の金融機関を立ち上げたことに由来します．

　現在，ヨーロッパの協同組合銀行は，国によって状況は大きく異なりますが，平均すると各国で2割くらいのシェアを確保しています．わが国でも，信用金庫・信用組合・労働金庫に農協・漁協の信用部門を含めた協同組合組織金融機関全体では，預貯金で24％，貸出金は21％（2009年3月末現在）のシェアを持っていますが，とくにフランスでは6割以上，オランダ，オーストリア，フィンランド，イタリアでも貯金で3割以上のシェアを誇り，金融部門を引っ張る中心的な存在です．また，アイルランドは，ヨーロッパ最大のクレジット・ユニオン運動の蓄積を有し，人口の4割以上を組織しています．

　農村住民の協同組合的な性格をもっていたライファイゼン銀行ですが，現在は農林水産業とのかかわりが薄いといわれています．また，設立当初は組合員が小商品生産者に限定される決まりが存在しましたが，最近では職業による組合員資格や員外利用に制限がないのが一般的です．そのため，組合員比率の低下とともに一般商業銀行との同質化，相互扶助性の希薄化などが課題となっています．金融の自由化・国際化が進展する中で「身近な proximity」存在である協同組合金融のあり方が問われていると言ってもよいでしょう[3]．

　他方で，加工と販売事業を軸とした酪農協の取り組みはデンマークから始

まり,それは北欧にとどまらず,オランダ,スイス,イギリス,アイルランドなどの諸国にまで波及しました.バーチャルによると,デンマーク型農協の独自性は,協同組合に対する制度基盤や補助金がなかったため生産者自身によって設立された自立的な専門農協であったこと,さらには成人教育の歴史的伝統に支えられた組合員の自発性に求められます[4].それが,国家介入の程度が少なく,より自立的・自律的な農協の展開を可能にしました.

1960年代に入ると,農協でも合併と事業拡大が進められ,企業化の道を歩み始めます.より競争的な市場環境への対応としての農協の再編ですが,近年の特徴は,事業や組織の再編を超えて協同組合形態そのものの再編が進んでいることにあります.具体的には,農協の事業部門の株式会社化,事業部門の(非協同組合形式の)子会社化と農協本体の「マザー・コープ化」,非農家投資家の参入ですが,他業種の協同組合と同様に組合員との距離の拡大が課題となっています[5].

前述の協同組合ヨーロッパ本部加盟団体の統計によると,加盟協同組合組織の3分の1を農協が占め,従業員数では4分の1が農協で働いています(2009年現在).また,生産資材の5割,農畜産物の集荷・加工・販売では6割以上のシェアを有していることが明らかにされています.その一方で東ヨーロッパの農協部門は,共産主義国家の多くがそうであったように,国家統制下による組合員の主体的・自律的な協同活動の制約の歴史的な背景もあり,依然として低迷しているようです.

(4) 労働者の協同組合

民主的管理を基盤とした労働者(生産者)協同組合の伝統は,シャルル・フーリエの思想的影響を受けたフランスで開花しました.それは19世紀半ば頃のことですが,この時は独立した熟練労働者のニーズに対応するものとしての労働者協同組合でした.そのため,20世紀初頭に存在していた労働者協同組合の主流は,鋳鉄製造協同組合,眼鏡製造協同組合,タクシー運転手協同組合の3つだったそうです.同様に,イタリアでもガラス製造協同組

合を皮切りに労働者が自主的に組織した協同組合の出現が見られました．

しかし，この2つの国を別にすれば，労働者協同組合はあまり発展しませんでした．労働者協同組合（生産協同組合）に否定的であったベアトリス・ポッターは，1881年に出版された著書の中で，その根拠として「資本の不足（資本の欠乏による高金利の負債）」，「販路の不足（販路の欠如とマーケティング技術の未成熟）」，「管理上の訓練の不足（品質の粗悪さと管理能力の欠如）」という，繰り返し現れる「3つの病気」の存在を指摘しています[6]．つまり，合理性・効率性が求められる資本主義的生産様式に対抗しうる経済的優位性の弱さを指摘したものであるといえます．

20世紀後半になると，このような労働者協同組合観を覆すような優れた実践が次々と登場します．その最たるものが，スペイン・バスク地方で誕生したモンドラゴン協同組合企業体の実践です．労働と（労働の成果である）資本の連帯をめざして1956年に誕生した同企業体は，金融機関であると同時に各種協同組合経営に関する企画調整・事業指導などの中央会的な性格をあわせもつ労働人民金庫（現，労働金庫）を中心に，250を超す各種協同組合（工業分野，生協・農協を含む流通分野，保険共済を含む金融分野，教育・社会サービス分野）から構成されています．教育事業を基盤とした複合事業化に取り組んできた同企業体は，事業体としても多くの成功を収めていますが，近年の最大の特徴は積極的な海外進出です．「多国籍協同組合化」とも称することのできるモンドラゴンの挑戦は，世界市場化に対応する協同組合のひとつのあり方を示すと同時に，その重視してきた「全員参加経営（労働関係）」や「コミュニティ」の位置づけをめぐる議論を活発化させる起爆剤にもなっています[7]．

他方で，伝統的な協同組合が事業再編や脱協同組合化を含む組織再編を繰り返す中で，福祉を軸とした仕事おこしやまちづくりに取り組む新しい協同組合の動きも現れてきました．その代表例が，1991年に社会的協同組合法を制定したイタリアです．社会的協同組合には，福祉・教育領域における対人サービスを主な事業とするA型と，障がい者，若年失業者，刑余者など

の社会的に排除された人々に対する仕事おこしに取り組むB型の2つのタイプがあります．経済的・社会的不利益を被っている人々や地域の問題にコミットする社会的協同の実践は，グローバル化時代における協同組合のもう1つの役割と可能性を指し示すものとして注目されています[8]．

(5) その他の協同組合

ヨーロッパでは，人びとや地域のニーズにこたえるさまざまな社会的サービスを提供する協同組合が設立されてきました．たとえば，日本ではあまり見られませんが，私たちの基本的ニーズのひとつである住宅問題にも早い段階から取り組んでいます．工業化によって急速な都市化が進んだ19世紀以降の社会的状況を考えれば，住宅不足や劣悪な住環境の改善にむけた協同組合運動が登場するのは当然のことのように思われますし，実際にロッチデールの先駆者も店舗の開設につづく第2の目標として住宅協同組合の設立を掲げていたほどでした．住宅協同組合は，初期投資が莫大であるという特質上，その試みを遂行するためには一定程度の国家の支援が必要ですが，特に北欧では住宅供給の緊急性が叫ばれた第2次世界大戦終結以降，住宅協同組合が重要な役割を果たしており，ノルウェーやスウェーデンでは現在でも住宅協同組合セクターが住宅ストックの約2割を占めています．

電気・ガス・水道などの公益事業は，行政機関の管理下で提供されているサービスがほとんどですが，ごくまれに協同組合が重要な役割を果たしてきたケースもあります．地方のインフラ設備が不十分だった1880年代のフィンランドでは，水道と電信電話サービス領域の担い手に協同組合がなりました．

循環型社会構築を目指したエネルギー部門での協同組合の活躍も目覚ましいものがあります．19世紀末に登場したイタリアの電力協同組合は，1962年にエネルギー部門が国有化するまで大きな影響力を誇っていました．現在でも，30を超える電力協同組合が再生可能エネルギーの生産・利用を行っています．再生可能エネルギー（風力，太陽光，水力，バイオマス）に取り

組む協同組合は，その他にもベルギーのエコパワー，ドイツのバイオエネルギー村などが有名です．国内の電力供給の2割以上を再生可能エネルギーでまかなっているデンマークは，エネルギー協同組合の先進国でもあります．風力タービン（風車）の設置にコミュニティぐるみで取り組んでいる同国では，風力発電による電力供給の2割強を協同組合が占めており，低質燃料（都市ごみ）を活用した地域暖房にとりくむ事業体の8割以上が協同組合です．また，家畜のふん尿を活用したバイオガスにとりくむ農協などの実践もさかんです．

　以上，ヨーロッパの協同組合の今日の姿を，特徴的な事例等を取り上げて概観してきましたが，その取り組みからわれわれは2つのメッセージを受け取ることが出来ます．1つは，おもに既存の協同組合に対して，世界市場化が急激に進展する中で，どのように生き残りをかけた戦略を立てていくかという点です．実際にいくつかの先進事例は，競争が激化しているのにもかかわらず，合理性・効率性を極限まで追求する営利企業に対抗できる協同組合方式の可能性を実証的に示してくれています．グローバル化する市場の中で協同組合がどのような役割を発揮するのか，いかにして協同組合的な事業の優位性を発揮できるのか，今後とも大きな関心事となるでしょう．その際に，事業体であると同時に運動体でもある協同組合の性質が常に問われるわけですが，多くの成功している協同組合がそうであるように，そのプロセスが二元論的な議論に終始するのではなく，「思い」を共有する批判的創造の学習・教育の場となっていることがとても大切です．
　他方で，市場経済の生み出すリスクが制御不能になった現代において，社会から取り残された人びとの問題も深刻化しています．協同組合の出自がそうであったように，社会的・経済的不利益に直面している人びとのために何ができるかを考え，実践する存在としての協同組合の多様な展開が2つ目のメッセージです．その位置と役割の新たなる模索にむけて，ヨーロッパの協同組合の実践から今後とも多くを学ぶことができます．

第2節　アメリカ大陸の協同組合

(1) 南北アメリカ大陸と協同組合

　協同組合運動がヨーロッパで誕生したということも影響しているのか，アメリカ大陸の協同組合は，一般にはあまり知られてない存在です．しかし，実は南北双方のアメリカ大陸において，協同組合は社会経済上重要な役割を果たしています．

　たとえば南米ブラジルといえば，戦前，大量の移民を受け入れたことで日本とも関係が深い国ですが，そこで移民とともに日本からブラジルに移入されたのが協同組合でした．日系農民は多数の農協を組織し，その代表的存在であるコチア産業組合は，ブラジルにおける農業の発展に多大な貢献をなしています．

　現在のブラジルはコーヒー豆の生産で有名ですが，コーヒー農家も協同組合を結成することで，先進国のコーヒー輸入業者との力関係の差を埋め，すこしでも有利な条件でコーヒー豆の輸出をし，生産者の権益を確保することに努めています．近年では，ヨーロッパ諸国の消費者組織，生協などの支援を受けて，コーヒー豆の「フェアトレード」を推進して，自分たちの生活と社会の自立をめざそうという協同組合も目立ってきました（図1）．第三世界の生産者に公正な価格を支払って輸入しようというフェトレードによって，コーヒー農家が受け取る金額は従来型の貿易取引における金額の4倍以上にもなると計算されていますから，フェアトレードにおいては，農民同士の協同，そして農民と消費者との協同の有効性が目に見えるものとなっているといえるでしょう[9]．

　こうした動きは，独自の社会主義的な国づくりを続けるキューバでも見られます．かつて国営農場が中心だったキューバの農業は，その比重を徐々に協同組合へと移行してきましたが，日本の生協（パルシステム生協連合会）と連携して，日本の消費者にコーヒーやハチミツなどを供給しているのです．

図1 フェアトレード・コーヒー（英コーペラティブ・グループのコープ商品）

　そのほか，ブラジルの医療協同組合など，先進国からも注目される協同組合運動が，アメリカ大陸各国では展開されています．東日本大震災後，日本でも「エネルギーの地産地消」という考え方が関心を集め，アメリカに900近くあり，電力供給の1割近くを占める発電所協同組合が注目されるようになってきました．このほかにも，いま南北アメリカでは多種多様な膨大な数の協同組合が活動しています．20世紀前半まで，協同組合運動の中心地はヨーロッパでしたが，20世紀後半から，それはアジアとアメリカ大陸に移っていると見ることもできるでしょう[10]．

(2) 協同組合運動の先進国カナダ

　そのなかでもとくに顕著なのは，カナダにおける各種協同組合の興隆です．カナダは，先進消費大国であるとともに農業など第1次産業の生産大国ですから，生協も，農協も，森林協同組合も，世界屈指の発達を遂げた国となっています．また，近年では労働者協同組合も多数設立され，協同組合は医療や保育，学校などの分野にも進出しています．

　カナダが英語圏のほかにフランス語圏も擁し，かつてはフランス語圏の分

離・独立運動が盛んだったことはよく知られていると思いますが，未だに両者の対抗意識はかなりのもので，協同組合陣営も英語圏とフランス語圏で別の連合会（英語圏が Canadian Co-operative Association＝CCA，フランス語圏が Conseil canadien de la coopération et de la mutualité＝CCCM）を結成しています．ケベック州のようなフランス系の住民が多い地域には独自の文化的背景があり，協同組合運動も独自の展開を見せていますが，その代表がクレジット・ユニオン（信用組合）の運動です．デジャルダンを祖とするクレジット・ユニオンが20世紀初めに大々的に展開されたことにより，カナダは信用組合運動の母国のひとつとみなされているのです．

また，こうした各種協同組合の実践を理論的にサポートする協同組合研究の面でも，カナダは世界でもっとも進んだ国のひとつだといっていいでしょう．ビクトリア大学に設置された協同組合研究センターは，協同組合原則の改訂で日本でも有名なイアン・マクファーソン教授によって2000年に設立されましたが，現在ではその名を「協同組合とコミュニティに基礎を置く経済の研究センター」と変え，ブリティッシュ・コロンビア州（カナダ西部の太平洋側で，ビクトリアやバンクーバーを抱える州）を中心としたカナダの非営利・協同についての研究に取り組んでいます．

協同組合は，現住民族（イヌイット）の人々によっても，自分たちの彫刻や版画を外部の人々に販売したり，食料雑貨品を購入したり，宿泊施設を運営したりするために，いくつも結成されています．カナダのあらゆる人々にとって，協同組合は生活の中に溶け込んだ，なくてはならない存在となっているといえるでしょう．カナダの人口はおよそ3400万人ほどですが，英語圏の連合会CCAには2000以上の組合が加盟し，その組合員は900万人を超えていますし，フランス語圏のCCCMには，3500近い組織の830万人が結集しているのです．カナダ国民の半数以上が，いずれかの協同組合の組合員であるということです[11]．

(3) 自由競争の国アメリカと協同組合

 一方,隣国アメリカ合衆国は,いうまでもなく自由競争の本山であり,しばしば協同組合不毛の国とみなされているようです.しかし実はアメリカ合衆国は,注目すべき協同組合の活躍が見られる国でもあるのです.数の上からしても,全米協同組合事業協会(NCBA)傘下には4万7000もの各種協同組合が存在し,その組合員は総計1億2000万人といわれますから,アメリカの協同組合は日本人が想像する以上に強力な存在なのです.

 たとえば,オレンジジュースなどで「サンキスト」というブランドを誰もが知っていると思いますが,このサンキスト・ブランドの商標権を持っているのは,世界最大規模の青果販売協同組合であるサンキスト・グロワーズです.オレンジなどを作る生産農家からなる協同組合が,世界中の果汁メーカーにサンキストの商標をライセンスし,その利益を組合員で分け合っているのです(図2).サンキスト・ブランドは,もともとカリフォルニアの農家が出荷するオレンジにサンキストという名を共同でつけたことが始まりであり,この協同組合は現在でも,6000名ほどの農業生産者の協同組織としての性格を堅持し,ホームページなどを通して,自らが非営利の協同組合であることを強調しているのです.

 また,倒産したバークレー生協の名が日本の生協関係者にはよく知られています[12]が,反体制的あるいはカウンター・カルチャー的な傾向を持った消費者の協同組合の伝統がアメリカには根強く続いていることも注目されます.その規模は小さなも

図2 サンキスト・ブランドのオレンジ・ジュース

のですけれども,全土に500あるといわれる「フード・コープ」と呼ばれる生協では,協同組合の原点を感じさせる取り組みがしばしば見られます.組合員制度が形骸化しがちなヨーロッパの生協や,最初にいくらかの出資金を払い込みさえすればずっと組合員でいられる日本の生協と異なって,アメリカのフード・コープでは,未だに組合員に労働の提供が義務づけられているのです.

たとえば大都会ニューヨークのブルックリンで活躍するパーク・スロープ・コープでは,月に2時間45分,店舗の運営や管理(たとえばレジや陳列や清掃など)の仕事を分担するのが義務となっており,これを行わなければ店で買い物することができません.また日本の共同購入を想起させるような無店舗型の「バイイング・クラブ」という組織も,自然食品や有機農産物をもとめる消費者を集めてあちこちで活動しています[13].

このように,自由競争資本主義の総本山,お膝元において,人々が労力を出し合って協同で事業を運営するという協同組合の原点が今に至るまで大切に守られ,こうした人々によって,大規模農業ではなく,有機農法などを追求する小規模生産者への支援が展開されている(CSA=コミュニティ・サポート農業)のは,とても興味深い,アメリカ合衆国の一面だといえるでしょう[14].

第3節 アジア・オセアニアの協同組合

(1) アジア・オセアニアの協同組合

協同組合が発達した日本と比べて,他のアジア諸国では,80年代まで協同組合の目立った活動は少なかったといえるでしょう.アジア諸国の多くが第2次世界大戦後に植民地から独立しますが,「開発独裁」,つまり経済成長を最優先する政府による強権的な経済開発が進められました.その過程で政府による協同組合の設立,「上からの」協同組合の育成が進められ,各地の農協や生協といった協同組合のリーダーは政府の役人が務めることが当然と

されていました．運動としてはもちろん，事業として成功した協同組合はみつけるのが困難な状況でした．

　こうした政府主導型協同組合とは一線を画し，各国のNGO活動家や聖職者によって，村の高利貸しに貧しい人々が依存しないように，協同組合方式の信用組合（クレジット・ユニオン）作りなどが細々と行われてきました．

　しかし，経済発展と中産階級の台頭，民主主義の進展などもあって，協同組合の発展の基盤が整えられ，インドの各種農業協同組合の発展など，注目すべき事例も出ています．

　さらに，クレジットユニオンは急増するマイクロクレジットの担い手ともなっています．マイクロクレジットは途上国で女性を中心とする貧しい人々が班（5人1組が一般的です）を作って，連帯責任で低利の事業融資を受け，貧困脱出を目指す仕組みです．まさに協同組合の理念と合致するといえましょう．

　オセアニア諸国のニュージーランドは農業国で知られますが，協同組合が盛んな国で，流通市場で卸売協同組合が大きなシェアを占めています．また，農協は高いシェアを占めています．ニュージーランドの酪農協同組合フォンテラ（Fonterra Co-operative Group Limited）は，ダノン，ネスレ等と並ぶ世界6大乳業メーカーです．

　また，オーストラリアのニューサウスウェールズ州マレーニ（Maleny）は，協同組合によるまちづくりで大きな成功を収めました．この町に，パーマカルチャー（Permanent 永続的な＋Agriculture 農業あるいは culture 文化の意味を込めた造語）の思想に基づいて，1979年生協が設立されました．その後，地域のニーズに対応して住民によって協同組合（信用組合，環境，教育，起業支援，文化等の協同組合）が続々と設立され，協同組合を中心としたエコ型タウンが運営され，国際的にも注目されています．

(2) 韓国の協同組合

　現在アジアではグローバル化が大きなテーマとなっています．グローバル

化で先行する韓国で様々な形で協同組合が広がっているのは注目に値するでしょう．現在消費者生協が発展段階で世帯組織率がおよそ3％となり，加入者が増え続けています（成熟段階の日本の組織率は30％強です）．2000年代後半，中国産輸入粉ミルクの混合物事件，米国産牛肉のBSE問題で食品の安全性への関心が高まりました．2010年にはキムチに用いる白菜価格が10倍以上に高騰しました（野菜大乱）が，生協は産直による安定価格で組合員に白菜を供給し，高く評価されました．日本の生協を参考として最近，「共済」事業も始まっています．

現在の韓国からは想像しにくいですが，87年まで韓国は軍事独裁国家であり，協同組合の活動は統制されていました．他国には存在する消費者生協の法的な基盤はありませんでした．当時の軍事政権は全国各地の農協を掌握して，農村を厳しく統制しました．反面，クレジット・ユニオン（信用協同組合）の統制が比較的緩かったため，カトリック関係者は信用協同組合を拠点に，貧しい農民に低利のマイクロクレジットを行い，やがて農民の権利向上を求める農民運動，政府の民主化を求める民主化運動を行っていきます．80年代前半その延長線上に，信用協同組合関係者が，日本の生協を参考に，農村の生産者と都市の消費者を結ぶ産直の組織を設立していきます．87年の民主化，その後98年に「消費者生活協同組合法」が成立（99年施行）して，ようやく（日本の1970年代のように）生協の活動が本格化していくのです．また，農協も民主化されて現在韓国最大の金融機関として国中に多くの支店を構えています．

さて，韓国の生協は先駆者である「ハンサルリム」に加えて「ドゥレ生協」「iCOOP生協」「女性民友会生協」の各グループが「4大生協」です．日本をモデルとして「班」による共同購入が根付いています．日本と異なるのは，上述したように生産者サイドが生協設立を主導していったため，日本の生協と比べて農家の立場を一層重視しており，農産物輸入自由化に対しても積極的に反対運動をしてきました．また，最近まで法的規制で食品以外の商品を扱うことができなかったため，取扱商品は食品中心です．生協が主導

図3 聖公会大学キャンパスにある生協の店舗．韓国4大生協の一つ，iCOOPが出店しています．

してフェアトレード食品を積極的に扱い，フェアトレード商品販売の中心的な役割を果たしています．

　上述のオーストラリアのマレーニ同様，韓国のソウル市にある「ソンミサン・マウル」という地域は住民が共同保育所を作ったのをきっかけに，有機農産物を扱う生協が生まれました．そして，この地では生協を乳母役として，協同組合型の自動車修理工場，オーガニック・カフェ，代案学校（オルタナティブ・スクール），FMラジオ局，リサイクル・ショップといった地域住民のニーズを事業化したコミュニティ・ビジネスが続々と生まれています．頻繁な引越しが当たり前のソウルで，暮らしやすさからこの地を故郷として定住する住民が多くおり，入居希望者が後を絶たない人気の町へ変貌しました．メディアでも度々取り上げられ，「まちづくり」の成功例として海外からも注目を浴びています．

　また，ソウルでは外国人労働者や若い非正規労働者が相互扶助の共済を作り始めています．例えばキリスト教会の支援を受けて設立されたヒニョン医療共済会は，国民健康保険に加入できず全額自己負担では病院に行けない外国人労働者のための共済グループです．「組合員が自ら負担した掛金で他者

図4 仁川平和医療生協．一般診療科，歯科の他に韓医学の診療科があります．韓国では90年代から医療生協が少しずつ増えており，日本の医療生協との交流も盛んです．

が助かり，他者が負担した掛金で自ら助かる」という，まさに共済の理念で運営されています．

第4節　協同組合保険・共済

　人々が生活し，あるいは事業活動を営む中で思いがけない経済的困難が起こったときに，その負担を皆で分かち合うため，保険・共済[15]に類似する仕組みが古い時代から考案され実施されてきました．例えば，帝政ローマ時代のコレギアや中世のヨーロッパで発達したギルドでは葬祭費用を相互に負担し合ったり，経済困窮時や病気になった時には相互に救済を行いました．
　さらに時代を下ると，15世紀あるいは16世紀頃からはヨーロッパの各地で家畜の伝染病や火災による損害を負担する相互組織や，生計を支える働き手が死亡し又は病気になった時の保障を行う相互組織も結成されています．
　こうした活動は人間の社交本能から始まったとも言われています．現代では相互扶助の活動というよりは，商業目的での保険事業の方がむしろ主流と

なっていますが，それでも2008年時点の調査によれば，世界の保険・共済市場のうち相互組織あるいは協同組合のシェアは24％でした[16]．

ところでこの統計数値には協同組合だけではなく相互組織のデータも含まれています．相互組織とは，株主（shareholder）が存在せず，そのメンバー間の相互扶助あるいは連帯の考え方に基づいて運営される組織です．これは，メンバーが資本の拠出を必ずしも義務付けられていないなど，厳密には協同組合原則を満たさない面もありますが，他方でメンバーが1人1票制の下で組織の運営方針を決定し，民主的な運営が行われているなど協同組合との共通点も多く見られます．

こうした事情に加え，保険事業を実施する組織そのものは株式会社であるものの，協同組合がその株主となっており，実質的には協同組合の考え方に基づいた活動となっている事例もあります．

したがって，本節では保険・共済事業の実施組織の形式的な形態にとらわれることなく，協同組合と関連のある活動や相互扶助的な活動を紹介することとします[17]．

(1) イギリス

①友愛組合[18]

イギリスには友愛組合（friendly society）と呼ばれ，組合員とその家族に病気やけが，失業，退職，介護，死亡，出産，育児などがあった場合に給付金を支払う相互扶助の組合があります．

友愛組合は17世紀末に熟練職人によって組織されたのが始まりで，18世紀に世間で知られるようになりましたが，この当時には社交的，儀礼的な活動が行われていました．19世紀になると，産業革命によって工場労働者が増加する中で，友愛組合は労働者階級にとって病気の時や退職後の所得保障の数少ない手段であったことから急速に普及しました．こうした経緯から1911年に公的な健康保険制度が導入された際には，友愛組合はその給付を行う機関となります．しかし，1948年に国民全員が無料で医療サービスを

受けることができる国民保健サービス（NHS）が導入されると，友愛組合の役割の一部が政府にとって代わることになり，1945年に2,740あった友愛組合は2011年には133にまで減少しています．

なお現存の友愛組合で最大のものは，1843年に設立されたリバプール・ビクトリア（通称LV＝）であり，380万人の組合員を擁しています．

②相互保険[19]

イギリスでは相互扶助が古くから存在しており，前述の友愛組合もその1つであり，また代表的なものでしたが，これが同一地域の同一職種の従事者により組織された組合であったのに対し，友愛組合とは異なる相互扶助の組織もありました．

その1つが1696年に設立された，現代的な相互会社の起源とも言われる火災保険の相互組織です．その当時，1666年のロンドン大火をきっかけとして火災保険を扱う組織が既に複数存在していましたが，1696年に誕生した相互組織は既存の組織とは異なり，創業者の利益をなくし，実質的な保険負担を大幅に軽減した純粋な非営利組織であったことが特徴です．

また生命保険では1705年に「アミカブル・ソサエティ」と呼ばれる相互組織が紳士・商人らによって設立されています．この組織は組合員を2000人に限定し，各組合員から一律に払い込まれた保険料の総額を死亡者に均等に分配していました．その後1762年になると，組合員による民主制や，衡平・公正（equity）を経営理念とし，保険料を確率統計理論に基づいて年齢別に設定した「エクイタブル生命・遺族保険組合」という相互組織が登場します．エクイタブルは，競合先が少なかったこともありますが，その経営理念が共感されて大きく成長しました．しかしエクイタブルは経営理念に反し，1810年に議決権と配当を受ける権利を加入後5年以後とするなどの制限を設け，さらに1816年には権利保有者の総数を5000人に制限します．その理由は加入者の急増による既存加入者の権利の侵害と民主制の崩壊を懸念したからとしています．この措置の帰結として1816年以降に加入した人は権利

を取得するまでに十数年を要することになり，それより前に加入した人との間で，配当総額に大きな不公平が生じました．加入者が大幅に減少し経営不振に陥ることにもなりました．このような状況は，権利の保有者が既得権を放棄しようとしなかったことから，19世紀末頃まで80年弱もの間続くことになったのです．

ところで18世紀末から19世紀半ばにかけてのイギリスでは，保険相互組織よりも保険株式会社の方が多く設立されるようになっていました．とは言うものの相互組織はほとんどが長く存続していたのに対し，株式会社には短期間のうちに解散する会社も多数ありました．また株式会社には詐欺まがいの会社もありました．こうしたことから契約者を保護するため1870年には生命保険会社法が制定されるのですが，それ以後生命保険会社の設立には多額の供託金が必要となり，皮肉なことに相互組織の設立は一層難しくなりました．

イギリスの相互保険は伝統がありますが，相互保険と次項で述べる協同組合保険の現在のマーケットシェアは5％程度[20]でヨーロッパでは低い方です．1990年代には相互組織の株式会社化が世界でも早い時期に起こりました．それではイギリスの相互保険の伝統は途絶えてしまうのか，と言うとそうでもありません．

相互保険セクターの団体である相互保険者連盟（AMI）は近年，相互保険には大企業の商品にも劣らない商品があることをアピールする運動を展開しています．この背景には，「相互組織」という言葉は世間で知られているものの，大規模な金融サービス会社を指すものと誤解されており，さらにこの意味を正しく理解した上でもなお「相互組織」を選好する者が多く存在することが判明したことがあるようです．

そして2010年には，相互保険組織，協同組合保険，生協などの発案により「ミューチュアル・マニフェスト」が発表され，相互組織は株式会社に比べて顧客との間に長期的な関係が生まれやすいことや，保険の場合には株価に影響されず経済ショックに強いため金融システムの安定に寄与することな

ど，相互組織の利点を主張しました．この活動の結果，各政党のマニフェストに相互組織の価値が取り上げられるという成果を挙げました．

さらに対外的な主張だけではなく，組織の質を高める努力も行っています．2005年に相互保険組織と友愛組合向けのガバナンス規範を開発し，各団体はこの遵守状況を毎年自己点検することを通じて，業務の慣行を年々改善しています．

③協同組合保険[21]

19世紀のイギリスでは，小売の協同組合で火災によって壊滅的な被害を受ける例が相次いだことから，その所有する管財物件の火災保険を実施する組織も誕生しました．1867年にロッチデールに設立された「協同組合保険会社」(Co-operative Insurance Company，略称CIC) です．

CICは，小売の協同組合と同様に，世界最初の協同組合法とも言われる「産業節約組合法」(Industrial and Provident Society Act) に基づいて設立されました．

1899年には名称を「協同組織保険組合」(Co-operative Insurance Society，略称CIS) に改め，火災以外の保険事業も始めています．イギリスでは1850年頃から簡易保険という，小口で医的審査がなく，保険料が毎週戸別に集金される保険が主として株式会社で扱われており，貧しい労働者層への保険の普及に貢献していました．CISも簡易保険事業に参入し，労働者層の一層の利益を図るため，保険料を長期払いにする，あるいは小売の協同組合の割戻金から保険料を払うことで集金経費を節減しようと試みますが，結果的には契約者からの支持を得られず失敗しました．その背景には，当時の労働者階級は，賃金を週単位で得ていたこと，そして保険の価値を認識できておらず，戸別集金されることで保険への加入を実感していたという事情もあるようです．ただし，CISがコスト削減の努力を行ったことで，株式会社の簡易保険事業に対する牽制効果を発揮しており，間接的には貧しい労働者層に貢献をしたと言われています．

他に CIS の扱った特徴的な保険として団体生命保険もあります．これは，小売協同組合を契約者とし，その組合員と配偶者の生命保障を行う保険です．この団体生命保険では，保険料は小売協同組合が売上高に応じて支払い，組合員が直接払う必要はありませんでした．このため，経済的に逼迫した組合員にとって，この保険は大変有難い存在でした．

ところで，この組合の資本は，設立当初はそのほとんどが小売協同組合によって拠出されましたが，1913年にマンチェスターの卸売協同組合（CWS）とグラスゴーのスコットランド卸売協同組合（SCWS）によって全株式が買い取られます．この経営の移行後，CIS は株式会社と同じように外務員を大幅に増員して積極的に宣伝を行っています．こうした活動を通じて CIS のみならず協同組合の認知度が高まり，小売協同組合に感謝されたと言われています．

CIS は現在も大手協同組合グループである「コーペラティブ・グループ」（CG）の一員として活動を行っています．近年，CG は非金融事業と銀行・保険との連携を高める方針を打ち出し，例えば，生協の店舗内に銀行の営業所を設置し，保険も取り扱うことを試行しています．なお CIS と CG の他事業者のオフィスは，従来は別の建物でしたが，事業の連携を高めるために 2012 年にはマンチェスターに建設されるビルに同居することになっています．

(2) **ドイツ**

ドイツはヨーロッパの中でも相互組織が比較的発達している国の1つです．ドイツで保険事業を行うことのできる相互組織の形態には「相互保険組合」がありますが，現在活動中の相互保険組合には，国内あるいはヨーロッパでも大手の保険事業者があり，その一方で数百にのぼる中小の組合もあります．後述する協同組合との関係の深い会社を含めると，相互組織と協同組織のマーケットシェアは 40〜50% となっています[22]．

ここで協同組合運動との関係の深い「R＋V 保険グループ」について触れ

ておきます．このグループは，現在は主として株式会社で構成されるグループを形成していますが，その起源は1922年に設立された「ライフアイゼン損害保険相互組合」と「ライフアイゼン生命保険銀行相互組合」にあります．これら2つの組合は，協同組合銀行で独自の保険事業を実施したいというライフアイゼン運動の一環として設立されました．この運動は銀行と保険が連携し，例えば銀行から借金をしていた者が亡くなったときに遺族が残金を返済できるようにする仕組みを構築し，あるいは保険組合の積立金を銀行を通じて農村に還元することなどを目指したものでした．

その後1958年には，ドイツで信用協同組合を創設したシュルツェ-デーリッチに由来する「フォルクスバンク（国民銀行）グループ」と経営統合し，さらに1973年には名称を「R＋V保険」に変更しました．R＋VのRはライフアイゼン，Vはフォルクスバンクの頭文字をとったものです．

1989年には株式会社化していますが，その株主の大半は協同組合銀行とその上部組織ですので，これらの協同組合銀行と保険会社を一体的に見れば，今なお協同組合活動であると考えて良いでしょう．

⑶　フランス

フランスもヨーロッパでは相互組織が比較的発達している国の1つであり，一般的な民間保険市場における相互組織及び協同組織のシェアは40％になります[23]．フランスでは18世紀には火災の損害を相互的に負担する組織が生まれており，1750年には海上保険を扱う相互会社が設立されています．この相互会社は後にルイ14世から火災保険を許可されています．また19世紀前半になると，雹や火災による損害を補償する保険や生命保険を扱う相互会社が相次いで設立されていますが，19世紀終わり頃までには株式会社によるシェアが相互会社を上回るようになりました．

現在，フランスで保険事業を行うことのできる相互組織の形態には「相互保険会社」「相互扶助組合」などがあります．

前者の相互保険会社については，民間の保険会社に近い会社も含まれます

が，それ以外に相互保険会社の特殊形態として「相互組合」という組織形態も定められており，実際に多数の相互組合が設立されていると言われています．この相互組合は，地域のつながりのある人々で組織するか，又は特定の職業に従事する人々で組織する組合であり，事業の収支が赤字になった場合にはメンバーが追加出資をするという特徴があります．さらに契約の仲介者は無報酬でなければならず，メンバー間のつながりを重視した組織です．

後者の相互扶助組合の現在の主な事業は，公的な健康保険制度の自己負担分を補う任意の保険です．2008年時点でフランスの人口の3分の2が加入しています．

相互扶助組合は，1850年頃から労働者によって組織されはじめ，1898年には相互扶助組合法が制定されています．これは自由，民主，独立，連帯という価値観に基づいて運営されますが，この「連帯」には金銭的負担を分かち合うだけでなく，社会事業を実現するという意味も含まれています．その一環として薬局や診療所を開設し組合員で利用してきました．前述の健康保険は，現代では公的制度の補完的役割と位置づけられていますが，歴史的には相互扶助組合の自主的な活動が社会制度の中に取り込まれていったと見るべきです．

(4) オーストリア

オーストリアには，相互組織を維持しつつ株式を上場する「ウィーン保険グループ」と呼ばれる保険グループがあります．

このグループは，1824年に設立された市営の火災相互保険会社に由来します．設立当初は農家や修道院に火災があったときの保障を行っていましたが，1898年には生命保険と年金の事業を開始します．第2次世界大戦後には，経済の崩壊によって一時は存続の危機に立たされるものの，次第に事業を拡大していきました．

そして1990年代になって東欧地域に事業を拡張するために株式会社化します．1992年に子会社である保険株式会社に保険事業を包括移転し，相互

会社形態のまま持株会社となり，1994年には保険株式会社の株式をウィーン証券取引所に上場しました．ただし，全ての株式が市場に流通しているわけではなく，2011年時点では株式の7割を持株会社である相互会社が保有しています．

特徴的な点は，保険株式会社の契約者が相互会社のメンバーになるというところであり，言わば相互会社と上場株式会社のハイブリッドの形態となっています．

⑸　**スウェーデン**

スウェーデンで協同組合運動と関係の深い保険組織として「フォルクサム（Folksam）」という相互保険組合があります．

フォルクサムは，1908年に設立された火災保険組合の「サマービート（Samarbete,＝協同）」と，1914年に設立された生命保険組合の「フォルケット（Folket,＝人々）」が合併して誕生しました．合併前の両組合は，庶民に割安な保険を提供し，そして協同組合運動のための資金を蓄積するために，スウェーデン協同組合連盟の出資によって設立されました．

これらの組合の特徴は，「単なる保険を超えるもの」というスローガンのもと，サステナビリティの取り組みに力を入れていることです．サステナビリティ（英語：Sustainability）とは，日本語で「持続可能性」を意味する言葉で，企業活動においては，環境保護活動や企業倫理への取り組みなどの将来にわたって社会環境を良好に保ち続けるためのすべての活動を含みます．例えば，病気になったときには保険料を免除し，失業した場合には保険料の猶予や分割払いを認めるといった特別な扱いを，契約条件に定められていないにもかかわらず実施したのをはじめ，1970〜80年代には交通安全に貢献する研究を行い，近年では自動車投棄への反対運動を行うなど自然環境保護への取組みのほか，社会責任投資（SRI）やカスタマーオンブズマンの制度などを独自の取り組みをいち早く進めています．

(6) アメリカ

①相互会社[24]

　現代の相互会社の概念は 1696 年に英国で設立された火災保険会社に由来すると言われていますが，アメリカで同様な会社が設立されるのは，それより半世紀遅れた 1752 年です．この年にフィラデルフィアでベンジャミン・フランクリンによって住宅の火災保険会社が設立されました．設立当初は 7 年間の契約を行い，契約終了時には預かった保険料から経費を差し引いた残りが払い戻されました．

　アメリカではこの相互会社の成功を見て，それに続く相互会社が現れ，1928 年には 1,809 の相互会社があったという統計もあります．相互保険は農民に広く普及しましたが，協同組合とも関連する保険，とりわけ穀物商・製粉業者や乳製品製造業者向けの火災・風水害保険や雇用主向けの賠償責任保険を扱う相互保険会社が重要視されました．1990 年代には株式会社化する相互会社が相次ぎましたが，2010 年時点で 128 の生命保険相互会社があるほか，全米相互保険会社協会（NAMIC）のメンバーのうち 1,400 社が損害保険の引き受けを行っています．

　アメリカの相互保険会社には，世界の相互組織・協同組合の保険料収入トップ 20 に入る会社が 2008 年では 10 社[25]あり，規模の大きな会社がいくつか見られることも特徴の 1 つです．

　アメリカでは 2007 年から 2008 年にかけて相互会社が大きく成長しています．金融危機を経て株式会社への不信が高まり相互会社への移行が進んだのではないかという分析[26]もあります．

②フラターナル組合[27]

　フラターナル組合は，組合員とその家族に死亡・病気・障害などがあったときに給付を行う相互組織で，代議制によって民主的に運営されるほか，ロッジシステム（集会所システム）と呼ばれるシステムを持つことが特徴です．ロッジシステムとは，組合員が集会所に定期的に集まって，新規加入の儀式

や教育・娯楽活動などを行うものです．フラターナル組合の加入資格は，特定の宗教，民族・人種，性別，職業，身体的状態などに基づいて組合ごとに定められます．

フラターナル組合は地域コミュニティやアメリカ社会に貢献をすることも目的とし，組合によっては保険事業が主目的でないこともあります．具体的には奨学金，教育のための出版，旅行といったフラターナル給付を行っており，その原資には保険事業の利益が充てられます．

最初のフラターナル組合は，1868年にペンシルベニア州で鉄道工場の主任技術士が考案したと言われています．その後これに倣ったフラターナル組合が次々に設立され，1894年にはフラターナル組合の保険契約高は一般生命保険会社を超えました．しかし，1910年頃からフラターナル組合の保険市場での地位は急速に低下します．

初期のフラターナル組合の保険事業では，日常の慣習を事業化するとの考えから，誰かが亡くなった場合に残った者から例えば1ドルずつ集めて給付を行うといった形の運営が行われていました．しかし何らかの事情で構成員が高齢化すると負担が増大し，その結果若い構成員が集まらなくなり，さらに高齢化を加速するといった悪循環が起こりました．こうした問題を回避するため，保険料を年齢別に設定するようになりましたが，そうなるとフラターナル組合は，一般保険会社との間に大きな違いはなく，強く支持されることもなくなりました．

フラターナル組合は現在でも存在し，最も大きな「ルター派信者のためのスライベント・フィナンシャル」（ミネソタ州）には250万人の組合員が加入していますが，アメリカの生命保険市場でのフラターナル組合のシェアは2%程度に過ぎません．

③労働組合による保険協同組合

1920年代には労働組合によって保険協同組合が組織されています．当時，アメリカでは多くの労働者が鉄道，建設現場，工場などで危険な職業に従事

していました．このため，既存の保険会社では保険料が高額になり，多くの労働者は事実上保険に加入することができませんでした．また，雇用主が労働者向けの団体保険を実施し，これを労働組合との交渉手段として利用することも広く行われていました．こうした状況に危機感を持ったアメリカ労働総同盟（AFL）は，自前の保険の必要性を強く認識し，保険協同組合の組織化を目指しました．その結果設立されたのがユニオン労働生命保険会社（Union Labor Life Insurance Company）で1927年に営業を開始し，現在も営業を続けています．この会社は株式会社ですが，その90％を400以上に及ぶ労働組合団体が分散して引き受け，一部の特定団体に支配されないようにしているほか，株主配当を6％に制限しています．このように協同組合の考え方を取り入れた運営を行うことで，契約者である労働組合員の利益を損なわないよう配慮がなされています．

(7) 韓国

韓国の農協では，250万人の農業組合員に商品やサービスを提供していますが，銀行業務と保険業務を併せ行っていて銀行窓販モデルを確立しているという特徴があります．農協は，従来農業省の規制監督下に置かれていましたが，2012年には一般の保険会社と同様に金融監督委員会の監督下に移ることになっています．一般の保険会社の場合，銀行窓販の販売額シェアは全体の25％以内とされているため，規制内容次第では農協の保険事業に大きな影響が及ぶ可能性があります．

(8) シンガポール

シンガポールでは，独立したばかりの1960年代には，国民は貧しく大半の労働者は保険を利用することができませんでした．1969年，NTUC（全国労働組合会議）が開催した労働組合の役割を検討するセミナーの中で，当時の財務大臣が保険協同組合の設立を提唱したことから，1970年に「NTUCインカム」が誕生しました．

NTUCインカムは，協同組合原則を踏まえた運営を行い，品質の高い保険を安く提供することを目的としています．特徴的な点として，開業当初から生命保険で掛金を給与から天引きするという事業モデルを導入している点や保険のシンプルさが挙げられます．出資金は，契約者が3分の2を拠出し，残りをNTUC，労働組合，協同組合が拠出しています．

本節のおわりに

以上のように世界の協同組合保険・共済は，活動内容やその背景は様々ですが，多くの場合，保険・共済の普及に貢献してきました．それだけではなく，協同組合保険・共済には，例えばコストをできる限り抑えることで保険株式会社が過度な利益を上げないよう牽制する役割や，他のセクターの協同組合と連携して組合員の利便を高める役割，あるいは他の協同組合に安定した資金を供給する役割も見られました．また，協同組合保険・共済がその有用性を認められ社会制度に取り込まれていった事例もありました．

社会経済が発達し成熟するにつれて，こうした顕著な事例を新たに見ることは次第に難しくなるかもしれませんが，グローバルに見れば相互組織を含めた協同組合保険・共済は，現在も発展が続いています．

注
1) 協同組合ヨーロッパ本部のホームページ http://www.coopseurope.coop は，比較的わかりやすい英語で書かれており，ヨーロッパの協同組合の主要トピックや動向理解に最適です．政策的な変化等も感じ取ることができるので，是非直接アクセスしてみて下さい．また，邦文では，同本部と情報交流面で連携をしているJC総研が発行している『欧州協同組合レター』があります．
2) イギリス，イタリア，スイス，スウェーデンの生協についての生協関係者による最近のレポートとして，生協総合研究所編著『危機に立ち向かうヨーロッパの生協に学ぶ』(日本生活協同組合連合会, 2010年) があります．
3) 斉藤由理子・重頭ユカリ著『欧州の協同組合銀行』(日本経済評論社, 2010年) は，欧州の協同組合銀行グループの全体像と今日的到達点が整理された好著です．
4) ジョンストン・バーチャル (中川雄一郎・杉本貴志・栗本昭訳)『国際協同組合運動』(家の光協会, 1999年)．同著は，広範にわたる世界の協同組合運動の歴史

と動向を整理した貴重な本です．
5) EU統一市場の形成を背景とした農協再編の現代的特徴については，田中秀樹『地域づくりと協同組合運動』(大月書店，2008年)第III部「協同組合運動の現段階」が多くの示唆を与えてくれます．
6) Potter, B., The Co-operative Movement in Great Britain, Swan Sonnenshein, 1981.
7) モンドラゴングループの最近の動向は，全国農業協同組合中央会『それは「学習」からはじまった―入門モンドラゴン協同組合―』(2011年)の中で，モンドラゴン協同組合研究の第一人者である石塚秀雄氏によって分かりやすく紹介されています．
8) イタリアの社会的協同組合については近年多くの紹介書がありますが，田中夏子『イタリア社会的経済の地域展開』(日本経済評論社，2004年)は，その実践胎動の社会的・文化的文脈を理解するための最良の書です．イタリア民衆の文化学習活動基盤に関心をもった方には，応用書として，草の根の学習・文化活動と非営利セクターの役割に注目した佐藤一子『イタリア学習社会の歴史像』(東京大学出版会，2010年)があります．
9) 日本でもここ数年フェアトレードに対する関心が高まりつつあり，アレックス・ニコルス／シャーロット・オパル『フェアトレード―倫理的な消費が経済を変える』(岩波書店，2009年)，渡辺龍也『フェアトレード学―私たちが創る新経済秩序』(新評論，2010年)といった書物が次々に刊行されています．コーヒーとフェアトレードについては，オックスファム・インターナショナル『コーヒー危機―作られる貧困』(筑波書房，2003年)，ジャン=ピエール・ボリス『コーヒー，カカオ，米，綿花，コショウの暗黒物語―生産者を死に追いやるグローバル経済』(作品社，2005年)なども有益な文献です．
10) ジョンストン・バーチャル『国際協同組合運動』(家の光協会，1999年)は第6章で南北アメリカ大陸を取り上げており，北米2国を中心に，カリブ諸国及び中南米諸国についても各種協同組合運動が紹介されています．
11) カナダの協同組合運動については，『いま再び欧米の生協の成功と失敗に学ぶ』(コープ出版，1997年)，『地域を再生する協同組合と市民―カナダの社会的経済』(市民セクター政策機構，2009年)等の文献があります．
12) 『バークレー生協は，なぜ倒産したか―18人の証言』(日本生活協同組合連合会，1992年)は，かつて日本の協同組合関係者によく読まれた書物です．
13) アメリカのフード・コープやバイイング・クラブについては，日本ではあまり研究が進んでいません．とくに協同組合研究者は，これらにほとんど関心を向けていないのが現状です．したがって，前掲の『いま再び欧米の生協の成功と失敗に学ぶ』などに簡単な紹介がある以外，本格的に論じた日本語文献はほとんどありませんが，これらの組織が発信するホームページには最新の情報があるので，検索してそれらを参照して下さい．

14) CSA についての文献としては，エリザベス・ヘンダーソン，ロビン・ヴァン・エン『CSA 地域支援型農業の可能性―アメリカ版地産地消の成果』(家の光協会，2008 年) があります．
15) 日本では保険会社の扱うものを「保険」，それ以外の協同組合や互助組織で扱うものを「共済」と呼び，保険と共済を使い分けていますが，例えば英語ではいずれも「insurance」と表現するなど明確な区別がつかないこともあります．本節では，文脈や慣例に応じて「保険」「共済」「保険・共済」を使い分けていますが，厳格な定義に基づくものではないことをお断りしておきます．
16) 国際協同組合保険連合 (ICMIF)『ミューチュアル・マーケットシェア 2007-2008 年＆グローバル 500』．世界の保険市場の 99.2% をカバーする 70 カ国の調査結果．
17) 本節のこれ以降の記述では，水島一也監修・全国共済農業協同組合連合会編／N. パルウ著『協同組合保険論』(1988 年，原著は 1936 年)，財団法人損害保険事業総合研究所研究部『主要国における共済制度の現状と方向性について』(2004 年)，全国共済農業協同組合連合会・全国労働者共済生活協同組合連合会共編『世界の協同組合保険―ICA 保険委員会調査報告書―（1963 年)』(社団法人共済保険研究会) を参考にしています．
18) 友愛組合についての記述では，イギリス FSA, "FRIENDLY SOCIETIES COMMISSION FACT SHEET" (1999 年) も参考にしています．
19) 相互保険についての記述では，水島一也『近代保険の生成』(1975 年) も参考にしています．
20) the Association of Mutual Insurers and Insurance Cooperatives in Europe (AMICE), "The market share of Mutual and Cooperative Insurance in Europe 2008".
21) 協同組合保険についての記述では，日本生活協同組合連合会『第 2 回日本生協連 欧州協同組合保険会社視察団報告書』(1995 年) も参考にしています．
22) AMICE, *op. cit.*
23) *Ibid.*
24) アメリカの相互会社についての記述では，The National Association of Mutual Insurance Companies（NAMIC，全米相互保険会社協会）のウェブサイトも参考にしています．http://www.namic.org/Home/ReadArticle/fff4576c-d589-4eee-836b-e2eee2dea120
25) 国際協同組合保険連合 (ICMIF)『ミューチュアル・マーケットシェア 2007-2008 年＆グローバル 500』．
26) 同上．
27) フラタナール組合についての記述は，田村祐一郎『フラタナール保険の発生とその変質の過程』(1976 年) も参考にしています．

第6章

これからの協同組合に求められること

協同組合がよりよい社会を築きます

第1節　協同組合の理念，価値そして原則

(1) 協同組合と民主主義

　人はお互いに協力し協同することなしに生活を営むことができない——このことは誰もが理解していることです．実際，私たちは，孤立や対立ではなく，お互いに協力し協同することによってはじめて安定した生活を営むことができるのです．言い換えれば，私たちはお互いに協力し協同することによって日々生活を営んでいるのだという「人間の本来的な関係」を自覚し，したがってまた，そのような関係それ自体が私たちの社会の枠組みを形成していることを認識するのです．その点で，協同組合は，私たちが日々の生活のなかでお互いに協力し協同するさまざまな機会を提供することによって，教育や保健・医療など福祉を享受する権利，生態系・環境を保護するための規制，それに文化的資源を活かしていく条件や物質的資源を公正に配分する条件といった「基本的な社会の枠組み」を維持したり，あるいはまたシチズンシップのコアである「自治・権利・責任・参加」を基礎とするヒューマン・ガバナンス（人間的統治）が創りだす「新しい社会秩序」を形成したりするのに役立つ諸条件を再生産する，という社会的役割を果たしているのです．協同組合によるこのような社会的役割の実践的プロセスを私たちは「協同組合運動」と呼んでいます．

　協同組合は，その長い歴史が示しているように，市民が自らの自治と権利と責任に基づいて自発的に組織し，管理・運営する事業体です．したがって，協同組合は事業体であり運動体でもある，ということになります．このように，「事業体」であり「運動体」でもある，という協同組合のユニークな特徴的性格こそ他の事業体（私的資本主義企業や公的企業）と決定的に異なる点です．言い換えれば，協同組合は，その特徴的性格によって，事業それ自体を自己目的化するのではなく，「人間の本来的な関係」である協同をより深くし厚くしていく手段として，すなわち，基本的な社会の枠組みを維持し

第6章 これからの協同組合に求められること

たり、またより人間的な社会秩序を形成したりしていくのに役立つ諸条件を再生産するための手段として事業を位置づけているのです。あるいは次のように協同組合の特徴的性格を表現することができるでしょう。「協同組合は、その事業と運動を通じて、助け合いの価値や互恵的な価値に基礎を置く人間の本来的な関係をより深くしかつ厚くしていく協同のプロセスに人びとが参加することのできる枠組みを社会的に創りだし、新しい社会秩序を形成するのに役立つ諸条件を再生産する」、これです。実際、私たちは、協同組合がより人間的な経済-社会的な枠組みを形成し、それに基づいた諸制度を確立するために、事業と運動を通じて人びとの間に濃厚な協同を広げていく社会的な文脈を確認しています。私たちはそれを「協同の倫理」と呼んでいます。

協同組合はまた、この「協同の倫理」の実践を通じて、民主主義を人びとの間に埋め込んでいき、人びとの間で「助け合いの価値」や「互恵的な価値」が尊重される社会秩序を形成し確立することに貢献してきました。このことは、安定した人間的な社会生活を送るために「助け合いの価値」や「互恵的な価値」が尊重される制度的枠組みを構築する努力と、日々の生活のなかに協同と民主主義の双方を活かしていく方法を見いだす努力とを私たちが承認することを意味します。こうして、協同組合運動は、協同と民主主義のより濃密な相補的関係を社会的に創りだし、協同組合の組合員だけでなく、他の多くの人たちや地域社会(コミュニティ)にも、すなわち、市民社会全体に影響を及ぼし、市民生活の相互依存的な関係を組み立ててきたのです。

民主主義とは本来、市民同士が自らの社会的な諸関係を相互により深く、より厚く、より豊かにしていこうと努力するプロセスを意味します。したがって、協同組合運動にとって重要なことは、民主主義は「普遍的な真理を達成しようとするプロセス」というよりもむしろ、「多様な市民同士の間に深くて厚い関係を築いていこうと努力するプロセス」である[1]、とのことをより多くの市民に理解してもらうことです。民主主義はまた、言うまでもなく、平等や公正それに自治と参加の権利を保障する手続きでもあるのだから、熟議することによって自らの未来を創造する協同組合にとって決定的に重要な

システムでもあるのです．事実，協同組合運動は，近代協同組合の創始であるロッチデール公正先駆者組合（以下，先駆者組合）の創立以来現代まで一貫して，「協同の倫理」の実践によって埋め込まれた民主主義を「協同組合のアイデンティティ」のコアの1つとして位置づけてきました．このことこそ，民主主義は協同組合運動の発展に不可欠な価値であり，したがってまた，協同組合の民主的な諸制度はその政策決定を導き出す最も重要かつ適切な方法的基礎である，と言われる所以でもあるのです．

　「協同組合と民主主義」という観点から協同組合人が認識しておかなければならない重要な「協同組合の社会的貢献」があります．それは，協同組合運動が私たち市民の生活全体に民主主義を根づかせるのに果たした歴史的な社会的貢献と称すべきもので，民主主義の根幹である普遍的権利としての「市民の意思決定の権利」，すなわち，政治的権利の確立への貢献です．その点で，この貢献は，世界史的な観点からしても，協同組合の誇るべききわめて重要な貢献であって，先駆者組合が創立されたその時から「市民の意思決定の権利」は実質的に原則化されていました．「組合員は1人1票の議決権を有する」という原則がそれです．

　この原則は，協同組合の組合員は「意思決定の権利」を平等に行使することにより，協同組合の安定したガバナンスを支える共同の責任を履行する，とのことを意味しています．この原則は現代の私たちには民主主義に不可欠な当然の原則であるのだから，取り立てて言うほどのものなのか，と思う人がいるかもしれません．しかしながら，「個々の人びとが自立した市民として自らが帰属するコミュニティや組織それにグループの意思決定を主体的かつ平等に行使する権利」は，先駆者組合が創立された1844年当時のイギリス社会には――したがって，世界のほとんどの国の社会にも――あり得なかった権利であった，という歴史的な文脈からするならば，この原則がじつに価値あるソーシャル・アイデンティティであり，ヒューマン・ガバナンスの理念であることが分かるというものです．だが，もし人あって「なに，それは協同組合内でのことにすぎないではないか」と言うのであれば，その彼や

第6章　これからの協同組合に求められること

彼女は近代民主主義の歴史に疎い，料簡（りょうけん）の狭い人かもしれません．というのは，近代民主主義は市民である個人1人ひとりの意思決定の行動の範囲や文脈から生まれ，発展してきたからです．それゆえ，実際に，先駆者組合の「1人1票の議決権」という権利の理念は，「自己の尊厳」だけでなく「他者の尊厳」も，すなわち，「すべての人の尊厳を承認する闘い」を意味する，市民の普遍的権利の意識を醸成していったのであり，したがってまた，個々の市民がその下で行動する社会的な文脈を創りだしてきたのです．その証拠に，先駆者組合は「1人1票の議決権」と同時に「政治的信条や宗教的信条による差別，人種・民族による差別，男女の差別を否定する」理念をもまた実質的に協同組合運動の原則としていたのです．

このように，先駆者組合の民主主義原則の理念は近代民主主義の及ぶ範囲を広げていき，個々の市民がその下で行動する範囲と文脈とを再確認する契機をイギリス以外の国々の市民にも与えることができたのです．そして現代にあってもなお，先駆者組合に起源を発するこのような民主主義原則は，国際協同組合同盟（ICA）を通じて，世界の協同組合運動に共通する理念としてだけでなく，すべての人びとの普遍的権利の理念としても追求されているのです．

協同組合運動におけるこのような事実はいまや，これまで協同組合によって実践されてきた「参加の役割」が伝統的なそれを超えてたグローバルなものでなければならないことを明確に私たちに告げています．言い換えれば，現代世界の協同組合運動は，民主主義を基礎とするシチズンシップの潜在能力としての「権利の行使と責任の履行」を，組合員による「意思決定の権利」の行使と協同組合の安定したガバナンスを支える「共同の責任」の履行とにとどめることなく，それを超えたグローバルな見地から，人びとの経済的，社会的な関係をより豊かにしていく諸条件の再生産にまで向けていかなければならない，ということです．その点で，現在も依然として「世界の重大な未解決問題」である「貧困，差別そして排除」の解決に向けて果たすべき協同組合運動の役割は大きいと言うべきでしょう（アマルティア・センは

それを「協同組合のグローバルな倫理」と呼んでいます)．現代協同組合運動はまさに，このようなグローバルな役割を果たしてはじめてその成果を歴史継続的な協同組合運動のなかに深く刻み込むことができるのです．

いまや，現代世界の協同組合運動がこのようなステータスに相応(ふさわ)しい理念，価値そして原則をより明確にし，「自治・権利・責任・参加」をコアとするシチズンシップを取り込むことができたのは——市民を，自治権を有する個人でありかつ統治能力のある自律的な個人であると承認する——協同組合運動の「参加の倫理」に基づくヒューマン・ガバナンスの故である，と協同組合人は強調すべきでしょう．そしてそのことを私たちに告げ知らせているもの，それが「協同組合のアイデンティティに関するICA声明」なのです．

(2) 協同組合の定義・価値・原則

1995年9月，マンチェスターで開催されたICA100周年記念大会は21世紀における国際協同組合運動の指針である「協同組合のアイデンティティに関するICA声明」(以下，「ICA声明」)を採択しました．この「ICA声明」は，現代世界の協同組合運動が「協同の倫理」を具体化し，実質化していくための指針です．

「ICA声明」を採択したこの記念大会はまた，世界の協同組合人に対して，協同組合運動の持続可能な発展が着実になされるよう，「ICA声明」に記されている「協同組合の定義・価値・原則」を「あらゆる種類の協同組合がそのなかで活動できるような一般的な枠組み」として受け容れることを力強く訴えました．現代世界の協同組合運動にとってこの訴えは重要な意味を持っています．というのは，現代世界の協同組合が「たった1つの根から発生したのではない」にもかかわらず，したがってまた，その形態も事業活動の分野も内容も多様であるにもかかわらず，協同組合運動は世界のさまざまな国や地域に深く根を張ってさまざまなニーズに応えてきたし，現に応えているという事実があるからです．「協同組合の定義・価値・原則」は，この事実を踏まえて，「助け合いの価値」や「互恵的な価値」それに民主主義に根ざ

第6章 これからの協同組合に求められること

しているあらゆる価値を承認しているのだと世界の協同組合人に明らかにしているのです．

とりわけ，ICA の長い歴史において初めて包括的に提示された「協同組合の定義」は，世界の協同組合人がそれに照らして協同組合運動の進むべき道筋を確認する規範となるものです．また「協同組合の価値」は，協同組合の定義を事業と運動のなかにしっかり埋め込ませていくことによって世界に「協同組合のメッセージ」を発信し，協同組合のアイデンティティに基づいた協同組合のヒューマン・ガバナンスの能力を多くの人びとに告げ知らせることができる，という重要な意味を持つことになります．

さらに「ICA 声明」には協同組合運動の持続可能な発展のための重要な内容が示されています．それは，協同組合の事業と運動の双方がその基礎としなければならない「協同組合原則」の見直しに関係する事柄です．協同組合原則の見直しについて ICA 声明は次のように述べています．

> 原則を定期的に見直すことは協同組合運動にとって活力の源泉となる．それは，変化する世界のなかで協同組合の思想をいかに適用することができるかを示し，協同組合が新たな挑戦に対応するために組織化を進めることができるのかを提案し，また世界中の協同組合人に，彼らの運動の基本的目的を再検討させるのである．

すぐ前で述べたように，協同組合は「協同組合の定義・価値・原則」に照らしてその事業と運動を展開するのですが，その事業と運動はまた，変化する世界の経済と社会の状況に応じて立ち現れる「新たな挑戦課題」に果敢に対応する事業と運動でもなければなりません．そうであれば，協同組合は「新たな挑戦課題」に即しながら「運動の基本目的」を絶えず再検討することになります．言い換えれば，協同組合が変化する世界のなかにあって「協同組合の定義・価値・原則」に即応した事業と運動を構成し展開することができるのであれば，協同組合運動は組合員のみならず同じ地域社会(コミュニティ)で生活し

ている市民たるすべての人びとの——協同と平等・公正の理念に基づいた——尊厳を求める行動に連なっていくのです．

　有名なドイツの哲学者フリードリヒ・ヘーゲルはこのような行動を「承認の必要性」と呼びました．「個人は自らが他者によって承認されることではじめて幸福に導かれる」とする「承認を求める闘い」を主張したヘーゲルは，この闘いによって「対等平等な人びとの間での相互の承認のための秩序」が創りだされることを示唆したのです．ヘーゲルが主張したこの「承認の必要性」の秩序は，現代においては「自治・権利・責任・参加」をコアとするシチズンシップによって導きだされる「協同と公正に基づく新しい社会秩序の形成」を促す契機になり得ることを私たちは理解する必要があります．私たちはそのことを理解して次の「協同組合の定義・価値・原則」を読み取る必要があります．

【定　義】
　協同組合は，人びとの自治的な組織であり，自発的に手を結んだ人びとが共同で所有し民主的に管理する事業体を通じて，共通の経済的，社会的，文化的ニーズと願いをかなえることを目的とする．

【価　値】
　協同組合は，自助，自己責任，民主主義，平等，公正，連帯という価値を基礎とする．協同組合の創設者たちの伝統を受け継ぎ，協同組合の組合員は，正直，寛容，社会的責任，他者への配慮という倫理的価値を信条とする．

【原　則】
　協同組合原則は，協同組合がその価値を実践するための指針である．

［第1原則］　自発的で開かれた組合員制
　　　　　　協同組合は，自発的な組織であり，性（ジェンダー）による差別，社会的，人種的，政治的，宗教的な差別をしない．協同組合は，そのサービスを利用することができ，組合員とし

ての責任を受け入れる意志のあるすべての人びとに開かれている．

[第2原則] 組合員による民主的管理

協同組合は，組合員が管理する民主的な組織であり，組合員は，その政策立案と意思決定に積極的に参加する．選出された役員として活動する男女は，すべての組合員に対して責任を負う．単位協同組合のレベルでは組合員は平等の議決権（1人1票）を持っている．他のレベルの協同組合も民主的方法によって組織される．

[第3原則] 組合員の経済的参加

組合員は，協同組合に公正に出資し，その資本を民主的に管理する．少なくともその資本の一部は，通常，協同組合の協同の財産とする．組合員は，組合員になる条件として払い込まれた出資金に対して，利子がある場合でも，通常，制限された利率で受け取る．組合員は，剰余金を次のいずれか，またはすべての目的のために配分する．

- 準備金を積み立て，協同組合の発展に資するため——その準備金の少なくとも一部は分割不可能なものとする．
- 協同組合の利用高に応じて組合員に還元する．
- 組合員の承認により，他の活動を支援する．

[第4原則] 自治と自立

協同組合は，組合員が管理する自治的な自助組織である．協同組合は，政府を含む他の組織と取り決めを行う場合，または外部から資本を調達する場合には，組合員による民主的管理を保証し，協同組合の自治を保持する条件の下で行う．

[第5原則] 教育，研修および広報

協同組合は，組合員，選出された役員，マネジャー，職員がその発展に効果的に貢献できるように，教育と研修を実施す

る．協同組合は，一般の人びと，特に若い人びとやオピニオンリーダーに協同することの本質と利点を知らせる．

［第6原則］　協同組合間の協同

協同組合は，地域的，全国的，（国を越えた）広域的，国際的な組織をつうじて協同することにより，組合員にもっとも効果的にサービスを提供し，協同組合運動を強化する．

［第7原則］　地域社会への関与

協同組合は，組合員が承認する政策にしたがって，地域社会（コミュニティ）の持続可能な発展のために活動する．

「協同組合の定義・価値・原則」をヘーゲルの「承認の必要性」の観点からもう一度見てみると，現代の協同組合は，協同の倫理と参加の倫理という社会的な価値基準・規範に基づいて生みだされる「社会包摂的な意識」を事業と運動のなかに明確に埋め込んでいくことによって自らを社会的に能動的な地位(ステータス)に高めていく，というビジョンを掲げていることがはっきり分かります．なぜなら，現代の協同組合は，先駆者組合の「1人1票の議決権」で言及しておいたように，市民である個人を「人種・民族，宗教，階級，ジェンダー，あるいは独自のアイデンティティによって」あらかじめ決めつけることなく，「自分自身の生活について判断を下す能力のあることを承認する」からです．このように，市民は自らの生活を通じて地域社会に貢献することを承認されるがゆえに自治を与えられて一連の権利を行使し責任を履行することが可能となるのですから，協同組合も，それと同じように考えて，その事業と運動とを通じて地域社会に貢献することを承認されるが故に自治を与えられて一連の権利を行使し責任を履行することが可能となるのであれば，「ICAの7原則」は世界の協同組合人に「協同の倫理」と「参加の倫理」の限りないビジョンと想像力を与えることができるのです．こうして世界の協同組合人は，「協同組合の定義・価値・原則」の擁する潜在能力を絶えず再確認していく社会的義務・自発的責任を遂行していくのです．

(3) 協同組合とは

　そこで，私たちはこれらの定義・価値・原則からいくつかの協同組合運動の歴史的価値を想像する必要があります．その1つは，「産業革命」(Industrial Revolution)という歴史的な言葉を広めた（オクスフォード地区代表委員であった）経済史家のアーノルド・トインビー[2]が1882年にオクスフォードで開催された第14回イギリス協同組合大会において演説した有名な言葉です．「協同組合人の仕事は市民の教育である．われわれが協同組合運動の起源を考察するならば，われわれは最も徹底して協同組合運動の理想的な目的と調和するものこそ教育における仕事であることに気づくであろう」．トインビーは，この言葉をもって，当時の協同組合人に，自治と公正と民主主義に基づく新しい社会の建設は協同組合における教育的成果の上に達成される，と訴えたのです．「市民の教育」とはいかにも尊大な言い回しだと思われるかもしれないが，決してそうではありません．これはイギリスの協同組合運動の伝統がトインビーをして言わしめた言葉とみなすべきなのです．

　トインビーにとって「市民」とは協同組合の「組合員」でもあり，近い将来「組合員」となるだろう個々の「市民」でもありました．それゆえ，彼の言葉の真意は，協同組合と「市民」との関係は本来，互恵的で相互依存的であるのだから，協同組合が真に発展を望むのであれば，したがってまた協同組合が「自治と公正と民主主義に基づく新しい社会の建設」を目指すのであれば，協同組合は積極的で活動的な市民を必要とするということ，これです．というのは，互恵的で相互依存的な本性と運動の明確な目的とを擁する協同組合は，積極的で活動的な「市民」である個々の「組合員」とやがて「組合員」となるであろう個々の「市民」とをもってはじめて創りだされるからであり，またそのような協同組合に持続可能な発展を保証する諸条件は，「市民」である個々の「組合員」の諸活動を通じてはじめて再生産され，改善されるからです．その意味で，「協同組合人の仕事は市民の教育である」というトインビーの言葉は，「協同組合における参加の倫理」という言葉に置き換えられることができるでしょう．

トインビーと同じような観点から協同組合運動を見ていた人物がいます．1857年に『ロッチデールの先駆者たち』を著したオウエン主義者のG.J.ホリヨークです．ホリヨークは，労働者生産協同組合を支援するために1884年にキリスト教社会主義者のE.V.ニールたちが設立した「労働アソシエーション」に加わり，「協同組合とはなにか」を協同組合人だけでなく他の市民にも理解してもらうために，協同組合教育によって支えられる協同組合運動が「自助・自立・自己充実」の新しい社会環境を創りだす，と訴え続けました．例えば，彼は「協同組合教育は協同組合運動に不可欠である」ことを強調し，協同組合運動における教育体系を「人間的な倫理観」に拠って立つ人びとの「自助・自立・自己充実」の確立である，と次のように論じました[3]．

　　協同組合運動にとって「自助」とは「他者の福祉を尊重する」ことを意味する．言い換えれば，協同組合運動における「自助」は組合員相互の助け合いを通じた「自助」，すなわち，「協同による自助」のことなのである．したがって，協同組合運動が「他者の福祉を尊重する」という条件を満たし得ないのであれば，その「自助」はただ単に「競争の促進」を意味するにすぎなくなる．それ故，協同組合運動における自助は，言葉の真の意味で，（組合員を含む）人びとの「自立」を支援し，また自立した人びとの福祉を保障するものでなければならないのである．
　　また協同組合運動にとって「自立した人間」とは「真実と公正を求める意識」によって動かされる，教養ある「自己」のことなのである．このように，協同組合運動は本質的に友愛的であり，自己充実的であるのだから，協同組合運動にとって友愛的，自立的，そして自己充実的という優位性を創りだすことこそ協同組合教育の主題なのである．

このように，19世紀後半におけるイギリス協同組合運動の改革を主張した2人の著名な人物，トインビーとホリヨークは奇しくも「協同組合運動に

おける協同組合教育の重要性」を主張したのですが，2人の主張が向かうところもまた同じ目標でした．その目標についてホリヨークに語ってもらえばこうです．自助・自立・自己充実の実現を目指す協同組合教育のアプローチに基づいて協同組合の組合員や他の市民によって創りだされる「生き活きした生活を営む意志」こそ，協同組合を道徳的な社会勢力にしていくのであって，協同組合教育のアプローチを協同組合人が軽視したり無視したりするならば，「協同組合はもっぱら事業に熱中するだけとなり，単なる取り引き組織以上の道徳的勢力にはなり得ないだろう」．

見られるように，トインビーとホリヨーク，この2人は「協同組合とはなにか」の問いに，「市民が生き活きした生活を営む意志を創りだす教育の場」である，と答えています．現代の私たちであれば，「協同組合とはなにか」という問いに，「協同組合は市民を教育するコミュニケーション・コミュニティ[4]である」と答えるでしょう．そこで，19世紀後半に活躍した2人に代わって，(1998年にノーベル経済学賞を受賞した) 福祉経済学の泰斗であり，現代の協同組合運動に造詣の深いアマルティア・センに「協同組合とはなにか」と問いかけて，答えてもらうならば，おそらく彼はずっと遠回しにこう言うでしょう．「市民として人びとは，人間の多様性に関心を持ち，その多様性に基づく平等や公正を主張し，また社会倫理，慎重さ，自己の利益の判断，それに社会的義務，自発的責任などを踏まえて行動するのです」，と．彼のこの言葉は現代世界の協同組合運動にとってきわめて含蓄に富む言葉です．

第2節　新しい社会づくりにむけて

(1) 制度・成果・過程の3つのアプローチ

前節で私たちは，協同組合の理念，価値そして原則は「協同の倫理」と「参加の倫理」を具体化し，実質化していく指針であること，また協同組合は「事業体であり運動体でもある」というユニークな特徴的性格を保持する

ことによって「助け合いの価値」や「互恵的な価値」に基礎を置く人間の本来的な関係をより深くし，より厚くする「協同のプロセス」に人びとが参加し得る枠組みを社会的に創りだすこと，そしてその結果，協同組合はより人間的な社会秩序を形成するための諸条件を再生産すること，を確認しました．さらに私たちは，先駆者組合が「組合員は1人1票の議決権を有する」という組合員の平等な意思決定の権利をガバナンスの原則としたことによって，すべての人間の普遍的な権利としての「市民の意思決定の権利」（「政治的権利」）の確立に先鞭をつけた——世界史的な貢献と言うべき——事実を協同組合運動の歴史のなかに見いだし得ることも確認しました．この貢献は民主主義を市民の生活全体に根づかせる社会的にきわめて大きな意義のある貢献です．なぜなら，先駆者組合の——したがってまた，現代の協同組合の——「1人1票の議決権」というこの権利行使の理念は「すべての人間の尊厳を承認する闘い」（ヘーゲル）を実質化することを意味しているからです．

　このように見てくると，協同組合は，理念的にも価値的にも，私的資本主義企業や公的企業のような事業体とも，また労働組合のような運動体とも異なった特徴的性格を持っていることが一段とよく分かります．じつは，他の事業体や運動体と明白に異なる協同組合の性格こそが協同組合の長所であり強みであって，したがってまた，優位性でもあることを私たちは理解しておく必要があります．ただし，協同組合の「事業体としての性格」と「運動体としての性格」は密接不可分であり，相互に依存しかつ作用し合うことに協同組合人は常に心しなければなりません．なぜなら，前節の冒頭部分で記したように，協同組合は，人びとが日々の生活のなかでお互いに協力し協同するさまざまな機会を——事業と運動を通じて——提供することによって，教育や保健・医療など福祉を享受する権利，生態系・環境を構造的に保護するための諸規制，それに文化的資源を活かし，物質的資源を公正に配分する社会の枠組みを維持したり，また「自治・権利・責任・参加」をコアとするシチズンシップに基づく安定した人間的統治（ヒューマン・ガバナンス）を目指す新しい社会秩序を形成したりするのに役立つ諸条件を再生産する社会的な役割を果たしているから

です．私たちは，協同組合のこのような社会的な機能や役割を，すなわち，協同組合ガバナンスを理解し認識してはじめて「事業体としての協同組合」と「運動体としての協同組合」について論及することができるのです．

そこで次に，協同組合における事業と運動の関係を密接不可分なものにさせる架け橋，両者が相互に依存し合い作用し合うための架け橋となる「協同組合のミッション（使命）」について考察するのですが，その前に，協同組合のミッションを正確に理解し認識するのに必要な「三つのアプローチ」[5]について簡潔に説明しておきましょう．

既に前節でも，またすぐ前でも述べたように，私たちが「事業体としての協同組合」と「運動体としての協同組合」の双方に論及するのは，協同組合を単眼的でなく複眼的に理解し認識するためです．というのは，すぐ後で論じるように，協同組合の特徴的性格は「制度」として位置づけられ，「成果（結果）」をもって評価され，「過程」によって規範化されるからです．言い換えれば，協同組合を全体論的(ホリスティック)に論じるのには，「制度」・「成果」・「過程」の3つの視点(ヴューポイント)からアプローチする方法が最も有効であるということです．その意味で，制度・成果・過程の3つのアプローチは，協同組合の事業体的側面と運動体的側面の双方を考察するのに有効であるだけでなく，「協同組合のミッションの本質」を明らかにするにも有効であることを私たちに教えてくれるのです．その「3つのアプローチ」とは次のものです．

【3つのアプローチ】
(1) 制度のアプローチ（Institutions Approach）：これは，協同組合が——そこで事業と運動を展開する——国や地域において一つの経済-社会的制度として有効な機能を果たしているか否かを考察するアプローチであり，また有効な機能を果たしているとすれば，協同組合が他の諸制度とどのように関わり合って組合員(メンバー)や他の人たち（例えば，他のステークホルダー）の「生活と労働」と「地域社会の活性化」に影響を及ぼしているかを検証するアプローチである．このアプローチはまた，実際の協同

組合の事業と運動をICA原則に照らし合わせることによって，資本主義経済の下での協同組合の共同所有，民主的管理，経済的参加，自治と自立といった協同組合のアイデンティティと組織文化に基づくガバナンスを協同組合制度のなかにどのように埋め込ませ，実質化させているかを検証するであろう．このアプローチはさらに，協同組合運動の広がりに応じて，協同組合をより一層発展させ，よりよい社会秩序を形成する法制度に人びとの注意を向けさせるだろう．

(2) 成果（結果）のアプローチ（Outcomes Approach）：これは，協同組合の事業目的・目標に対する運動の到達点あるいは成果を分析し，協同組合のガバナンスを，すなわち，実際的な協同組合の経済-社会的な機能や役割を評価するアプローチである．このアプローチによって「協同組合の定義」に謳われている「共通の経済的，社会的および文化的なニーズと願いをかなえる」ための運動の進むべき方向がより明確にされる．またこのアプローチは，協同組合による平等，公正それに連帯といった価値の実現についての理解を組合員や他の人びとの間に促して，協同組合と地域社会（コミュニティ）との相互依存関係を協同組合人により強く意識させる．ICA第7原則「地域社会への関与」はこれによって一層際立つであろう．

(3) 過程のアプローチ（Processes Approach）：これは，協同組合がその事業と運動への組合員（および他のステークホルダー）の参加を促す環境を整えることによって，上意下達の承認受諾とまったく異なる「参加の倫理」を影響力のある社会的な理念にするアプローチであり，それゆえにまた，意思決定の過程において「協同の倫理」と「参加の倫理」に関わる諸条件を再生産する協同組合の社会的な潜在能力を確証するアプローチである．言い換えれば，このアプローチは，もし組合員（および他のステークホルダー）がその権利を平等に行使するのに必要な諸条件を協同組合が提供し得ないのであれば，彼らの権利は「まがい物」にされてしまい，その結果，彼らは深く傷つけられてしまう，という協同組合

ガバナンスの問題点を指摘するであろう．要するに，このアプローチは，協同組合の長い歴史のなかで培われてきた組合員（および他のステークホルダー）による意思決定への参加の実体を明らかにするだけでなく，協同組合の「協同の倫理」と「参加の倫理」が協同組合のアイデンティティを社会包摂的なそれにしていく過程(プロセス)もまた追究するであろう．その意味で，過程のアプローチの鍵(キー)は，協同組合にあっては個々の組合員の個人的な行為が社会的な実践となり得ること，またその双方が相互に依存し，相互に作用し合うことを協同組合人が常に意識することである．

「制度・成果・過程」の視点から協同組合の事業と運動の実体に接近するこのようなアプローチは，現実に，「参加・共同所有・自治と自立・地域社会への関与」という協同組合の本質をどのように協同組合のガバナンスに埋め込み，事業と運動において実質化していくのか，という挑戦的課題を協同組合人に絶えず突きつけるでしょう．そしてこの挑戦的課題こそ，変化する世界において協同組合人が想像力（Imagination）と創造性（Creation）それに独自性（Originality）を常に逞しくしていかなければならない「協同組合のミッション」を内外に明らかにすることを意味しているのです．

ところで，協同組合のミッションとして2つのミッションがしばしば取り上げられます．1つは協同組合の目的・目標を社会的に表明する「ミッション・ステートメント」です．もう1つは――「3つのアプローチ」で示された協同の倫理や参加の倫理，それに社会包摂的なアイデンティティなどを基礎に――協同組合が国や地域における1つの重要な経済-社会システムとして承認されるよう努力する協同組合ガバナンスのプロセスとしての「ソーシャル・ミッション」です．2つのミッションは，一見すると，別個の対象に関わるミッションであるように思われるかもしれませんが，そうではありません．2つのミッションは，協同組合の事業と運動とが密接不可分であり，相互依存的で相互作用的であるように，相互に依存し合い，相互に作用し合うのです．言い換えれば，2つのミッションは，協同組合の組合員や他のス

テークホルダーの利益だけでなく地域社会(コミュニティ)の利益も包含した社会的な利益——金銭的利益と非金銭的利益——を生みだすためのミッションであるのだから，協同組合の目的・目標を示す「ミッション・ステートメント」と，人びとがお互いに協力し協同することによって社会の枠組みを維持したり，新しい社会秩序を形成したりするのに役立つ諸条件を再生産するプロセスとしての「ソーシャル・ミッション」と相互に依存し作用し合うのです．このことを理解してはじめて，協同組合人は協同組合の事業体的側面と運動体的側面の相互依存・相互作用の成果をヒューマン・ガバナンスのプロセスのなかに埋め込むことができるのです．

そこで，「協同組合のミッション」とはなにか，ということになります．この問いかけに対し，本章の主題「これからの協同組合に求められること」に即して答えるためには，協同組合のミッションの本質を明らかにすることが必要です．そこでそのために，スペイン・バスク自治州で創設され，現在も大きな発展を見せている世界最大の協同組合企業群「モンドラゴン協同組合企業体（MCC）」（1956年創設）の精神的指導者であったホセ・マリア・アリスメンディアリエタと，前節で登場していただいたアマルティア・センの「協同組合のミッション」から始めて，協同のアプローチ，協同の倫理，参加の倫理，公正な市場そして「クォリテイ・オブ・ライフ（QOL）」に論及しながら「協同組合のミッション」の本質に迫っていくことにしましょう．

(2) 協同組合のミッションとはなにか：協同のアプローチと協同の倫理・参加の倫理[6)]

事業体であり運動体でもある協同組合が組合員をはじめとするステークホルダーだけでなく，他の多くの人たちの間にも濃厚な協同の諸関係を創りだしていく協同の倫理に基礎を置いているのは，それを通じて民主主義が人びとの間に埋め込まれ，助け合いの価値や互恵的な価値が尊重される人間的な社会秩序を維持する制度的枠組みを私たちが承認するからです．私たちはまた，協同組合が民主主義に基礎を置く参加の倫理を最も重要視する事業体で

あり運動体であることも認識しています．というのは，私たちは，民主主義に基礎を置いている協同組合にあっては，組合員（および他のステークホルダー）の「権利の行使」と「責任の履行」は対立的な関係にあるのではなく，相補的な関係にあることを理解し承認しているからです．言い換えれば，組合員の「意思決定の権利」の行使は協同組合の安定したガバナンスを支える諸条件を創りだしたり再生産したりする組合員の「共同の責任」を前提にしているのですから，組合員の権利の行使と責任の履行とは相補的な関係にある，とのことを私たちは承認しているのです．そのことは，前節で考察した，協同組合の倫理的価値を含めた「協同組合の価値」の体系から十分想像することができます．要するに，協同組合はその価値体系のなかに埋め込まれている協同の倫理と参加の倫理に基づいて事業と運動を展開することによって，自らの未来を創造していくのです．

いま述べたことは，「協同組合のミッション」を追究するのに私たちが知っておかなければならない大まかなコンセプトですので，このコンセプトを下敷きにして「協同組合のミッション」の本質に迫ることにしましょう．

(3) アリスメンディアリエタの「協同組合のミッション」

さて，協同組合のミッションという観点から私たちが見做すべき現代協同組合運動のモデルの1つはMCCです．労働者協同組合であるMCCが1956年に5人の若者によって創設された最初の工業協同組合ウルゴール（ULGOR）――ウルゴールは5人の若者の頭文字を取ってつけられた名称――から始まったことは有名な話ですが，その創設時に彼らが決めた簡潔にして明瞭な原則がその後のモンドラゴン協同組合の発展を基礎づけたこともまた有名な話です．その原則は次のものです．

①協同組合に不可欠な要素である資本の重要性を低めることなく，労働が資本の上に位置づけられること．

②すべての組合員は平等である：組合員は1人1票の議決権を有する．同

時に形式的平等を避け，3対1の比率で組合員の報酬（賃金）差を認める．
③あらゆる事柄について連帯する組合員総会が最高議決機関であり，これによって温情主義(パターナリズム)を避ける．
④教育に振り向けられる基金は協同組合に最大の利益をもたらす．

1956年の創設時に決められたこれらの原則は，じつは，MCCの精神的指導者であったアリスメンディアリエタ神父の指導に基づいて5人の若者が考えだした原則でした．簡潔ではあるけれども，協同組合のヒューマン・ガバナンスとして実に示唆に富み，理念に富んでいる，と言うべきでしょう．アリスメンディアリエタは，彼が没する1976年まで，モンドラゴン協同組合の経営や運営に——労働人民金庫の設立以外は——決して口出しをしませんでしたが，MCCの運動やガバナンスの理念，価値，イデオロギーそれにアイデンティティについては大いに口出しをしたそうです．

アリスメンディアリエタは協同組合のミッションについてこう主張していました．「協同は新しい社会秩序を形成する経済的，社会的過程(プロセス)に人びとを確実に統合する．協同組合人は，この目的を，労働の世界において正義と公正を切望するすべての人たちに広げていかなければならない」，と．彼のこの主張はいまではMCCの第8原則「社会変革」としてしっかり位置づけられています．第8原則は彼の主張についてこう論説しています．

> MCCはその剰余の大部分をバスクの地域社会(コミュニティ)に投資する．すなわち，MCCは，その主要な部分を新しい仕事（雇用）の創出に，地域社会の開発・発展に，（組合員の）相互の連帯と責任に基づいた社会保障制度に，バスク労働者の運動を前進させる（労働組合のような）他の制度との協調に，そしてバスクの言語と文化を発展させる共同の取り組みに充当する．

第6章 これからの協同組合に求められること　　　　193

　私たちは彼のこの主張から次のような内容を汲み取ることができるでしょう．すなわち，「新しい社会秩序の形成」とは，「生活と労働の質」と「コミュニティの質」の向上をもたらす「社会秩序」の枠組みを協同組合が他のさまざまな組織やグループと協力し協同して創りあげていくこと，これです．彼はしばしば，協同組合は継続して「雇用の創出」と「地域社会の開発・発展」に貢献することを通して新しい社会秩序の形成に努力する「社会変革の推進力」を創りだす，と強調していました．そこで，アリスメンディアリエタの主張を21世紀の現代を見据えて敷衍(ふえん)すれば，私たちは次のように言うことができるでしょう．「協同組合は，自らが拠って立つ地域社会(コミュニティ)を労働・生産と生活の場にするような事業活動や雇用を創りだす．そのために協同組合は，大量生産・大量消費・大量廃棄の経済−社会秩序ではなく，それに取って代わるための経済−社会秩序を，地域社会に基礎を置きかつ人びとの間で協同の倫理と参加の倫理が尊重されるさまざまなレベルの環境保護と福祉を優先させる経済的，社会的および文化的なニーズを満たす事業を通じて，形成するための諸条件の再生産に貢献する」，と．協同組合がこのような「社会変革の推進力」を創りだすこと，これこそが「協同組合のミッション」の本質に相応しいものだと言うべきでしょう．

　このように見てくると，アリスメンディアリエタにとって，したがってMCCの協同組合人にとって，協同組合のミッションの本質は，協同組合に不可欠な協同の倫理と参加の倫理が（資本の優先性ではなく）労働の優先性（労働主権），民主主義それに教育とに基礎を置いた「社会改革」＝「新しい社会秩序の形成」に貢献するという普遍性を内包していること，と言うことができるでしょう．その意味で，協同組合人は，協同組合の事業と運動の相互依存と相互作用に関わる想像力，創造性，独自性を常に問われることになるでしょう．

(4) アマルティア・センの「協同組合のミッション」

　次に，私たちが協同組合の事業と運動との相互依存，相互作用を理解し認

識するための方法として「3つのアプローチ」に基づいて私たちに多くの示唆を与えてくれているアマルティア・センから「協同組合のミッション」の本質について聴きだしてみることにしましょう．

　前節の最後の部分で触れましたように，アマルティア・センは人間の「市民的存在」をこう強調しています．人間はその多様性に関心を持ち，それに基づく平等や公正を主張し，社会倫理，慎重さ，自己の利益の判断，それに社会的義務や自発的責任を踏まえて行動する．このような社会的に市民的な存在として人びとは協同組合を設立し，事業を展開し，運動を構成して，さまざまなレベルの福祉の実現のために努力するのです．これはヘーゲルの言う「承認を求める闘い」でもあるのです．アマルティア・センはそこで，協同組合の事業と運動に対して次の「2つの重要課題」に対応するよう求めます．(1)協同組合の事業と運動の範囲を超える広い基盤の上に「参加」を据えることの必要性，(2)グローバルな倫理（民主主義に基礎づけられた社会的な価値基準・規範）への協同組合の貢献，です．

　(1)の重要課題は個人（市民）と社会および制度との関係についてです．センはこう述べています．「個人と社会の関係についてはいくつかの評価を必要とする．すなわち，私たち個人1人ひとりは社会の諸制度のもとで生活し活動している．私たち個人の生活や活動における参加の機会やそれに基づく将来の展望は，社会にどのような制度が存在しているのか，またそれらの制度がどう機能しているのか，どう相互作用しているのか，に決定的に左右される．その意味で，制度は，私たち個人が選択する活動や生き方の自由にどのような影響を与えるのか，という視点から評価されるだけではない．制度はまた，それぞれの制度の役割が私たち個人1人ひとりの活動や生き方の自由に対しどのように寄与するのか，という視点からも評価されるのである」．協同組合人はセンのこの主張を明確に理解し認識して事業と運動を展開するよう求められるでしょう．なぜなら，彼の「制度」には「市場」が大きく関係してくるからです．彼は正しくも，人びとの「生活と労働の質」にとって「市場がより有効に，より透明に機能できるような制度と規範を確立

し発展させること」が重要であると考えているし，また「市場の総体的な結果は政治的，社会的な秩序と根本的に結びついている」ことを強調しています．要するに，彼のこのような「制度」論は，「市場メカニズム」を社会のなかにどう位置づけるか，あるいは「市場メカニズム」と人びとの「生活と労働の質」との関連をどう意識化していくか，を問う主張なのです．協同組合人は，これらのことを理解したうえで，さまざまな制度を総体として捉えなければならず，ある制度が他の制度と関連し合いあるいは依存し合ってなにをなし得るのかを評価しなければならないのです．

　協同組合人が「さまざまな制度を総体として捉える」とは，協同組合も社会の重要な経済-社会的制度の1つなのですから，協同組合と他の制度（例えば，食料政策や環境保護政策に責任を負う行政，あるいは地域社会に根ざした地場産業など）とが連係あるいは連携することによって，協同組合はなにをなし，どのような成果を生みだすのかを検討し評価する，ということになります．そしてここで協同組合にとって重要なことは，「基本的な社会秩序が市場メカニズムによって維持される」というアマルティア・センの主張です．

　なぜ「基本的な社会秩序」が「市場メカニズムによって維持される」のでしょうか．それが「制度」と「市場」と「人びとの生活」の密接な関係なのです．センはこう強調しています．「言い換えれば，市場メカニズムの長期的に有効な機能は，社会的な平等と公正（正義）に基づいた人びとの社会的な参加の機会を創りだすことによって促進されなければならない」．センの言う「市場メカニズムの長期的に有効な機能」——あるいは同じことですが——「社会的な平等と公正（正義）に基づいた人びとの社会的な参加の機会を創りだす」とは，社会は誰もが市場に平等，公正に参加し得るよう保障しなければならない，とのことを意味しているのです．すなわち，それは，人びとが生産者あるいは消費者として「市場に参加できる」保障と，彼・彼女たちが「読み・書き・計算の能力」をしっかり身につけるための「教育を受ける権利」の保障との制度的な相互依存，相互作用の関係を意味しているの

です．その点で，協同組合にとっていまや，センが述べているように，「参加の役割は，協同組合の古典的な文献で論じられてきた伝統的な補完的役割をはるかに超えて広がっている」のです．それゆえ，協同組合は，その事業と運動を通じて「参加の役割」をより有効にし，より多くの人びとの「参加」を保障し得るようにして，市場メカニズムを人びとの「生活と労働の質」と「地域社会の質(コミュニティ)」の向上に結びつけていく政策を確立すること，このことこそ協同組合が遂行すべきミッションである，とアマルティア・センは主張しているのです．

(2)の重要課題は，「グローバリゼーションの過程(プロセス)にある世界により広い倫理を確立すること」に協同組合がその事業と運動を通じて貢献することを意味しています．したがって，協同組合にとってこの課題は「国家間の関係に仲立ちされた協同」ではなく，「制度間の関係に基づく協同」，すなわち，国境を越えた「グローバルな経済的，社会的な関係の規範を発展させる協同」をいかにして実現していくか，ということになります．言い換えれば，「多様な制度の存在と多元的アイデンティティの共存を考慮する」協同のアプローチを協同組合人はどう有効に駆使し得るのか，ということになります．センは，市民のアイデンティティに基づく「協同のアプローチ」を分かりやすくこう説いてくれています．

> アフリカやアジアの女性に対する不利益な処遇を改善しようと起ち上がったイタリアのフェミニストの活動は，ある種のアイデンティティに基づいている．すなわち，ある国民の他の国民の困難に対する同情ということをはるかに超えたフェミニズムのアイデンティティである．ある人間は，イタリア人であり，女性であり，フェミニストであり，博士であり，協同組合人などであり得るのであって，1人の人間の多元的アイデンティティという，この豊かな概念には矛盾はないのである．

彼にとって「協同のアプローチ」は「人間的な経済と社会の中心的戦略」

第6章 これからの協同組合に求められること

であり，市民たる人びとが自らのアイデンティティを以て，また自らの自治と自発的な参加に基づいて，自らの市民的権利——人権，労働の権利，生存権，教育を受ける権利など——と政治的自由を実現していく社会構成的な機能と役割を意味しています．彼は，協同組合の事業と運動はこの社会構成的な機能と役割を果たす能力を潜在的に持っていると考えており，したがって，協同組合が経験してきた「自治・権利・責任・参加」といったシチズンシップの蓄積を高く評価しています．彼が国境を越えた市民同士の相互依存の潜在能力を引き出してくれる役割を協同組合に期待しているのはこのような観点からなのです．彼の言葉がそのことをよく示しています．

> 協同組合運動の豊かな遺産には世界に提供すべき多くのことが含まれている．世界は生産や取り引きを超えた，地球上の個人と個人との関係にかかわる根本問題で覆い尽くされている．国際援助や経済援助の拡大はそれほど必要ではない．むしろ必要なことは，市民である一般の人たちたちの，国家を越えた根本的な相互依存を承認することである．

彼はここで，協同のアプローチに基礎を置く協同組合はその事業と運動を通じて協同の倫理と参加の倫理に基づいたさまざまな経験を蓄積してきたし，また実際にいくつもの社会的に重要な成果を生みだしてきたのであるから，グローバリゼーションの下で生活し労働している世界の市民の間に協同組合のアイデンティティを広め，彼・彼女たちに協同の倫理と参加の倫理を理解してもらう——ヘーゲルの言葉を借りて言えば——「承認の必要性」あるいは「承認を求める闘い」の社会的重要性を協同組合人に訴えているのです．アマルティア・センにとって，このことが「協同組合のミッション」の本質なのです．

このように，協同組合の事業と運動に「2つの重要課題」を提起したアマルティア・センは，誰もが市場に平等，公正に参加できるよう保障することによって，市場メカニズムを人びとの「生活と労働の質」と「地域社会の

質」の向上に結びつけていくこと，そして協同のアプローチに基づいて協同の倫理と参加の倫理を市民である世界の人びとに理解してもらう「承認を求める闘い」の運動こそ「協同組合のミッション」の本質であると説いたのです．

(5) クォリティ・オブ・ライフ

　本節で私たちは，協同組合の事業と運動の相互依存や相互作用を追究する方法論的アプローチを理解するための「制度・成果・過程」の3つのアプローチや「協同組合のミッション」の本質を探るための，モンドラゴン協同組合企業体（MCC）に関わるアリスメンディアリエタの「協同組合のミッション」，そして協同組合のアイデンティティ，協同のアプローチ，協同の倫理それに参加の倫理を中心とするアマルティア・センの「協同組合のミッション」について見てきました．しかし，本章のタイトルは，私たちが協同組合の事業と運動の相互依存や協同組合のミッションについて十全に語るために——協同組合の構成概念に関わるもう1つの要素である——「クォリティ・オブ・ライフ（Quality of Life: QOL）」に言及することを求めています．というのは，私たちは，3つのアプローチと，アリスメンディアリエタとアマルティア・センの協同組合のミッションに共通している基本的な背景——社会と人間——について理解し認識しておく必要があるからです．そこで，協同組合の事業と運動の相互依存や相互作用に関わるQOLに簡潔に触れることにします．

　すぐ前で私たちは，協同組合の事業活動との関わりで，「市場メカニズムの長期的に有効な機能は社会的な平等と公正（正義）に基づいた人びとの社会的な参加の機会を創りだすことによって促進されなければならない」，というアマルティア・センの「市場メカニズム」論に言及しました．「基本的な社会秩序は市場メカニズムによって維持される」という彼の市場メカニズム論は説得力があり，したがってまた，影響力があります．その点で，協同組合はセンの市場メカニズム論をどう創造的，独創的に応用し適用させてい

くか，協同組合人の想像力が問われることになるでしょう．そこで，市場と制度に関わる「社会と人間」を協同組合の視点から見ることにしましょう．

　QOL は今日では社会一般に，個人的レベルでも社会的レベルでも，しばしば使用されている言葉です．それにもかかわらず，QOL の統一的な意味や定義を提示することは未だ難しいようです．さまざまな学問分野で QOL という言葉が使用され，分野が異なるとその意味や定義も多かれ少なかれ異なってしまうからです．それでも QOL は，一見したところ，単純で分かりやすい構成概念のように思えるのです．なぜなら，私たちは，どうすれば自分自身の個人的な QOL を高められるかについて，それなりに考え，思いをめぐらすことができるからです．例えば，より高い報酬，より長い休暇，労働生活におけるより大きな満足感・達成感，楽しくまた満足のいくレジャーや娯楽を続けられる時間的余裕，他者との付き合いや親交による感情的な充足感，そして健康で幸福な生活の継続などを思いめぐらすことができます．

　社会的レベルでも私たちは QOL を考え，思いめぐらすことができます．例えば，平和的で，強制されることのない適合的な社会環境，人びとが相互に尊敬し合う社会的環境，持続可能で公害のない自然環境，適切な水準まで「読み・書き・計算の基礎能力」を高めるための初等・中等教育の実施，それに誰にでも入手可能な物的，経済的資源や栄養資源の存在などです[7]．

　しかしながら，QOL を明確に定義しようとすると，個人的レベルにおいても社会的レベルにおいても QOL に不一致点や問題点が見られるようになります．個人的レベルにおいては，例えば，幸福感や感情的満足といった「主観的要素の QOL」と高い所得や健康といった「客観的要素の QOL」との間の不一致点が，また自己の可能な範囲内で快楽を求める生活を幸福であるとみなしている人の QOL と自己の潜在能力を発揮して自己啓発を追求している人との QOL の相違を測定することが可能なのかという問題点が浮上します．

　社会的レベルにおいてはこのような問題点はより鮮烈です．というのは，社会を構成している市民たる人たちの QOL を最大にする「社会の青写真」

あるいは「社会のビジョン」が描かれなければならないからです．例えば，平和や持続可能な自然環境といった要素については不一致点が生じなくても，強制されることも規制されることもない社会環境の価値や十分な資源を生産し配分するメカニズムを支える価値については不一致や問題点が生じるかもしれません．ここには人によって異なる「自由と平等の相対的メリットとバランス」の問題が入り込んでくるからです[8]．

　社会的レベルでのQOLのバランスに関心を払う人であれば，「1人がすべてを手に入れる」——いわゆる「一人勝ち」の——状態や社会的な傾向を承認しないでしょう．その点で，チェック機能もバランス機能も働かないままに自由の行使を許容する社会は，弱者が自由を行使する機会を強者が奪ってしまう点で本質的に不安定な社会となっていきます．したがって，市民たるすべての人たちの自由あるいは自由へのアクセスを維持するために，私たちは何らかの社会的な制約を受容することになります．他方，完全な平等も考えられません．なぜなら，「地位や境遇の平等」といった完全な平等は，結果的に，権力が市民の日常生活に厳しく干渉することになるからです[9]．

　そこで現実の社会では，市民は，一般に，「自由への平等なアクセス」の重要性を承認し，自分の生活を楽しんで過ごす機会の平等も，さらには——他者の生活に有害な影響を及ぼさない限り——個人的自由の権利もまた承認し合います．しかし，自由主義アイデンティティを優先する市民は，形式的な「自由への平等なアクセス」や「機会の平等」を承認しますが，同時に結果としての「実在の不平等」それ自体は悪いことではないと考えます．事実，彼ら——とりわけ新自由主義者——は活気に満ち，繁栄している社会の特徴として「実在の不平等」を容認さえするのです．それに対して，平等主義アイデンティティを優先する市民は，「実在の不平等」を縮小していくために，富裕者の所得の一部を貧しい人たちへ再分配することで事実上「富裕者の自由の制限」を承認します．こうして両者が衝突します．

　この両者の衝突に割って入るのが政府の社会-経済政策です．だが，この政策は，政府の政治判断に基づいているので，前者の自由主義に近い政策が

採られる場合もあれば，後者の平等主義に近い政策が採られる場合もあります．かくして，前者は救貧者の救済や飢餓の回避のために課税支払の形態で国家による一定の強制（所得の再分配）を受容すると同時に，自分自身の願望に従ったQOLを自由に追求する結果としての「不平等社会」の追認を社会に求めます．その点で，前者の自由は「強制あるいは制約からの自由，すなわち，消極的自由」なのです．それに対して，後者は「自由と平等は同じ次元である」と評価し，したがって，自由は積極的自由でなければならず，健康な状態で生活する，子どもたちを健康に育てる，すべての人たちが教育を受けることができる，といった自由こそ重要だと主張します．後者はまた，このような積極的自由をできる限り平等に広げていくために，貧しい人たちへ再分配される資源の一部を富裕者への課税によって確保することを求め，前者の「自由」の結果としての「実在の不平等」を縮小しようとします[10]．

さてこれまで，「個人的レベルのQOL」を主張する自由主義アイデンティティの市民と「社会的レベルのQOL」を主張する平等主義アイデンティティの市民とが自由と平等を巡って対立する様相を見てきました．では，両者のこの差異はどこからくるのでしょうか．じつは，この差異は「人間の本性」（human nature）についての両者の見解の相違に起因するのです．前者（自由主義）にとって人間（human being）は個別的で，自立し，自由に思考する存在（beings）であって，そのような人間として自分自身の「個人的QOL」を追求する点で個人主義的です．その意味で，前者の自由主義の人間像は他者との関係を無視する抽象的な人間像なのです．それに対して，後者（平等主義）にとって人間は権利，義務，責任それにグループや組織のアイデンティティを相互に結びつけ，組み合わせる中心的存在であって，そのような人間として「社会的QOL」を追求する点で本質的に社会的です[11]．

このように，両者は「人間の本性」をどう捉え考えるか，その見解の相違によって「QOLの基本的な基準」を異にするのです．では，いずれの「QOLの基準」がより望ましいのでしょうか．これを判断するために再びアマルティア・センの問題提起に目を転じ，彼が示唆してくれる回答を探って

みることにしましょう．

(6) 再びアマルティア・センへ

　私たちは既にアマルティア・センの問題提起，すなわち，協同組合の事業と運動に対して提示された「2つの重要課題」を追究しました．それは，簡潔に言えば，協同組合の「協同のアプローチ」，「協同の倫理」それに「参加の倫理」に主に関わる課題でした．これらは「個人と社会の関係」を総体として，つまり全体論的（ホリスティック）に捉えることの必要性を，言い換えれば，諸制度の機能や相互作用が人びとの「生き方の自由」にいかに影響を及ぼすかを人びとに教える，というものでした．また「人間的な経済と社会の中心的な戦略」を意味する「協同のアプローチ」は，一方で諸制度の関係に基づく協同の重要性を，他方で一般の人びと（市民）の相互依存の基盤としての協同の重要性を人びとに気づかせ，認識させる，というものでした．市民としての人びとは，こうして，協同のアプローチ，協同の倫理それに参加の倫理を通じて，多様な制度の存在と1人の人間の多元的アイデンティティの共存を考慮するようになります．これがアマルティア・センの「回答」です．

　では，この回答に従って私たちはどう判断すべきなのでしょうか．センの回答は，私たちに次のことを示唆していると考えてよいでしょう．すなわち，私たちは，「個人的QOLの追求」と「社会的QOLの追求」のいずれを優先するかという設定ではなく，現代社会における「人間の市民的存在」という観点から「世界各国の多くの地域で人びとがどのように生活しているのか」[12]，その現実を認識し熟考することによって確認される市民の相互依存的本性を善（よ）しとして，一方で「個人的QOL」を追求する際に直面する課題や問題を社会的な課題や問題として読み替え，他方で「社会的QOL」を追求する際に現れる課題や問題を個人的な課題や問題として自らに引き寄せて，私たちの市民的権利と責任の相補性を確かめ合いながら私たちの社会生活に共通する諸制度を維持していく，という社会的な視点から「個人的QOL」を追求し実現していくのだと主張したいのです．これは，いわば「個人的

QOL の社会化」であり,「社会的 QOL の個人化」である,と言ってよいでしょう. その意味で,私たちはもう一度,QOL との文脈で本章第1節の末尾に記されているアマルティア・センの言葉を目で追いながら,「いま,協同組合はなにを求められているか」という問いかけに想像力を逞(たくま)しくしなければならないのです.

注

1) Keith Faulks, *Citizenship*, Routledge, 2000, p 111.(中川雄一郎訳『シチズンシップ』日本経済評論社, 2011 年, 165 頁)
2) アーノルド・トインビー(Arnold Toynbee 1852-83)は「産業革命」(Industrial Revolution)という言葉を普及・定着させた経済史家であり,社会改良家でもあった. オクスフォード大学ベイリオル・カレッジで学び,フェロー講師となったトインビーは労働者階級の向上・発展に関心を払った. ロンドンにあるトインビー・ホールは「彼の社会改良事業を記念して建てられた. ……彼の没後,経済史の連続講義である *Lecture on the Industrial Revolution in England*(1884)がアシュレー等の門下生の聴講ノートをもとにして編集・発行される. ベイリオル・カレッジの経済学講師の後任は(アルフレッド)マーシャルが就くことになる」(経済学史学会編『経済思想史辞典』丸善, 2000 年, 267 頁).

1882 年のイギリス協同組合大会でのトインビーの発言は,彼が没する 1 年前のことであった. 後任のマーシャルも労働者の労働・生活条件に関心を払い,トインビーと同じようにイギリス協同組合運動に参加している. レイドロー報告は 2 箇所でマーシャルの言葉を引用している.「他の運動は高い社会的目標を持っている. 他の運動は広い事業基盤を持っている. 協同組合のみが双方を持っている」(『レイドロー報告』100 頁).「協同組合運動のより高度な活動のために,世界はまさに準備を整えつつある」(同上, 192 頁).
3) G.J. Holyoake, "Essentials of Co-operative Education", *The Labour Association 1898*, pp. 4-5.
4) 「対話的な概念としてのコミュニティは,ハーバーマスの理論において非常に重要であり続けた」.「コミュニケーション・コミュニティという考え方は,近代社会の社会関係が権威,地位,儀式などその他の媒介物によってではなく,コミュニケーションをめぐって組織されることを意味している」.「近代社会ではますます対話的な空間が増大しているが,そのなかでもっとも重要なものは公共空間と科学である. 公共圏は多様な対話的な場から構成されており,……社会のすべてのレベルで存在可能である. ハーバーマスによれば,科学や近代的な大学制度もまた,開かれたコミュニケーション・コミュニティである. というのも,それが

原則として合意によってのみ解決可能な真理へのコミットメントを特徴とするからである．真理は審議的な方法によってのみ到達することができ，合意により決定されるという考え方が，ハーバーマスのコミュニケーション理論の核心である」(Gerard Delanty, *Community*, Routledge, 2003, p. 115. 山之内靖・伊藤茂訳『コミュニティ：グローバル化と社会理論の変容』NTT 出版，2006 年，159 頁)．

5) 「制度のアプローチ」(Institutions Approach)・「成果（結果）のアプローチ」(Outcomes Approach)・「過程のアプローチ」(Processes Approach) の「3 つのアプローチ」は，アマルティア・センが 1998 年 10 月にイタリアのレガコープで行った講演「協同の民主主義とグローバリゼーション：両者の共存は可能か」のなかで現代協同組合運動の意義を論じるために提示したアプローチ（「協同組合のアプローチ」）です．筆者は，2003 年 5 月にカナダのヴィクトリア大学で開催された「国際協同組合研究大会」において，この「3 つのアプローチ」を適用して「協同組合研究の 3 つのアプローチ：ICA 新原則との関連で」のテーマで基調報告を行った．本章の「3 つのアプローチ」はこの基調報告に修正・加筆したものです．

6) 本章でしばしば使われている「協同の倫理」や「参加の倫理」という用語のなかの「倫理」について説明を加えておきます．倫理は，一般に，人間の行為や社会関係における支配的な道徳性を意味するのですが，ここでは，人びとがその日常生活において「人間の本来的な関係」である協力・協同を深く厚くする行為・行動や思惟・理念，例えば，自由，平等・公正，自治，権利，責任，参加，意思決定などを促し，また人間の尊厳を尊重し，弱者をいたわり，差別・排除を否定するなど日常不断になされるより人間的な行為・行動や社会関係を意味しています．

7) David Phillip, *Quality of Life: Concept, Policy and Practice*, Routledge, 2006, p. 1.

8) *Ibid*., pp. 1-2.

9) *Ibid*., p. 2.

10) *Ibid*., pp. 2-3.

11) *Ibid*., p. 3.

12) マーサ・ヌスバウム/アマルティア・セン編著（竹友安彦監修・水谷めぐみ訳）『クオリティー・オブ・ライフ：豊かさの本質とは』里山出版，2006 年，13 頁．

資料

協同組合略年表
ICA 加盟団体
ICA 原則

協同組合略年表（日本）

	協同組合に関連する出来事	社会経済の一般情勢
1838	大原幽学が先祖株組合を設立する． （1830年代末，二宮尊徳が報徳社を設立する．しかし，報徳社は幕末に姿を消す．）	

資料：協同組合略年表

協同組合略年表（日本以外）		
	協同組合に関連する出来事	社会経済の一般情勢
1687	イギリスで記録に残る最古の友愛組合が組織される．	イギリスで紡績機や蒸気機関が開発され，以後工業化が進む． アダム・スミスが『国富論』を刊行する． アメリカ合衆国が独立宣言をする．
1760頃	イギリスのウリッジやチャタムで協同組合製粉所や製パン所が設立される．	
1769	イギリスのフェンウィックで食料品共同購入組合が結成される．	
1776		
1793	イギリスで友愛組合法が制定される．	
1800	R. オウエン（英）がニュー・ラナーク工場の統治を始める．	イギリスの織物工業地域で機械打ちこわし（〜1817） 米英戦争（〜1814年） ナポレオン（仏）がロシアに遠征する．
1811		
1812		
1813	R. オウエンが『社会に関する新見解』を発表し，性格形成論に基づいて児童や労働者の教育のあり方などを主張する．	
1821	R. オウエンが著書『ラナーク州への報告』で，当時の悲惨な状況を生む原因として生産力増大，自由競争，分業，貨幣を挙げた上で，共同体の建設を提案する．	
1825	R. オウエンがアメリカ・インディアナ州に「ニュー・ハーモニー協同体」を建設する（数年で失敗する）．	
1829	フーリエ（仏）が『ファランジュ（共同社会）』を発表する．	
1830		フランスで七月革命が起こり，以後産業革命が本格化する．
1831	F. ビッシェ（仏）が労働者生産協同組合計画を提案する． （1830年代，イギリスでオウエン主義者により200を超える協同の店が開設されるが，1830年代末までにそのほとんどが閉鎖される．） （1840年代，フランスで労働者の主導により，労働者協同組合が多数出現する．）	

協同組合略年表（日本）

	協同組合に関連する出来事	社会経済の一般情勢
1867		大政奉還
1873	林正明が訳書『経済入門』（原書はフォーセット著，1870年）の中で，ロッチデール公正先駆者組合を紹介する．	
	（1870年代末から，製糸業や製茶業において生産者による協同組合が結成される．）	
1877		西南戦争
1878	馬場武義が郵便報知新聞でイギリスの協同組合運動を紹介し，日本での協同組合創設を呼びかける．	
1879	ロッチデール式消費組合である「共立商社」「同益社」「大阪共立商店」が設立される．	
1880	「神戸商議社共立商店」が設立される．	

協同組合略年表（日本以外）

	協同組合に関連する出来事	社会経済の一般情勢
1844	イギリスでロッチデール公正先駆者組合が設立される． (19世紀後半に，欧州で労働者を中心としたロッチデール型の生活協同組合が広まる)	
1848	ドイツで救済貸付組合（ライファイゼン系の農村信用組合）が設立される．	フランスで二月革命が起こる． K.マルクスとF.エンゲルスが『共産党宣言』を刊行する．
1850	ドイツでシュルツェ市街地信用組合が設立される．	
1852	イギリスで協同組合に法人格を与える「産業・節約組合法」が制定される．	
1855	G.J.ホリヨーク（英）が『ロッチデールの先駆者たち』を著す．	
1861		アメリカで南北戦争（～1865年）が起こり，以後工業が発達する．
1862	「産業・節約組合法」が改正され，協同組合が他の協同組合に出資することが可能となる．	
1863	イギリスで北イングランド協同卸売組合（後のCWS，協同卸売組合）が設立され，以後消費者協同運動の飛躍的な発展に貢献する．	
1869	第1回イギリス協同組合大会が開催される．	
1873	イギリスで協同組合運動の指導機関であるCU（協同組合連合会）が設立される．	西欧とアメリカで金融恐慌が起こる．
1875		欧州で農業恐慌が起こる．
	(19世紀終わりから20世紀前半にかけて，北欧で酪農産物の加工と販売を軸とする酪農協同組合が設立され，欧州各地に波及する．)	
1881	B.ポッター（英）が著書の中で労働者協同組合の脆弱さを指摘する．	

協同組合略年表（日本）

	協同組合に関連する出来事	社会経済の一般情勢
1888	賀川豊彦が兵庫県神戸市で生まれる.	
1889		大日本帝国憲法が制定される.
1891	平田東助と杉山孝平が著書『信用組合論』の中で，信用組合は自立自助を基本とする中小商工業者向きのシュルツェ式が優れていると主張. 一方，高橋昌と横井時敬は著書『信用組合論』の中で，平田らの主張を批判し，地域密着型で無出資・無配当のライフアイゼン式の方が日本の農村の実態に合っていると主張. シュルツェ式信用組合の導入を念頭に置いた信用組合法案が国会に提出されるが，審議未了により廃案となる.	
1894		日清戦争（～1895） 以後，軽工業が発達する.
1897	ライフアイゼン系の農村協同組合の要素を盛り込んだ第1次産業組合法案が国会に提出されるが，審議未了により廃案となる.	
1898	労働組合である鉄工組合が共働店と呼ばれる消費組合を設立する.	
1900	購買組合での日用品の取扱いを認めるなど，第1次法案から内容変更を行った第2次産業組合法案が国会に提出され，可決成立する.	
1904		日露戦争（～1905） 以後，重工業が発達する.
1905	社団法人大日本産業組合中央会が設立される（1910年に法定の「産業組合中央会」に改組）.	
1914	（農村で産業組合が普及する.）	第1次世界大戦（～1918年）
1920	（労働者の消費組合活動が盛んに行われる.）	経済恐慌

協同組合略年表（日本以外）

	協同組合に関連する出来事	社会経済の一般情勢
1883	イギリスで，生協運動の支援団体である「協同組合普及のための女性同盟」（翌年「女性協同組合ギルド」に改称）が組織される．	
1884	キリスト教社会主義者のE.V.ニール（英）らが労働者生産協同組合運動の指導組織である「労働アソシエーション（LA）」を設立する．	
1895	ICA（国際協同組合同盟）が創立される．第1回国際協同組合大会がロンドンで開催される．	
1905	アメリカで購買組合運動が広まる．	第1次ロシア革命
1914		第1次世界大戦（〜1918年）
1917	ロシアで協同組合の統制を行う協同組合法が制定される．	ソビエト政権成立
1919	イギリスで協同党が結成される．	国際連盟が設立される．
1920	ILO（国際労働機関）に協同組合局が設置される．	
1921	ソビエト連邦で消費組合の加入が義務化される．	

協同組合略年表（日本）		
	協同組合に関連する出来事	社会経済の一般情勢
1923	産業組合中央会がICA（国際協同組合同盟）に加盟する． 産業組合中央金庫（1943年に農林中央金庫に改称）が設立される． 全国購買組合連合会が設立される．	関東大震災
1925	近藤康男がホリヨーク『ロッチデール消費組合の先駆者たち』を抄訳し紹介する．	治安維持法，普通選挙法が制定される．
1926	賀川豊彦が東京学生消費組合を設立する．	
1927		昭和金融恐慌
1928	賀川豊彦が中郷質庫信用組合を設立する．	
1929		小林多喜二が『蟹工船』を発表する．
1930		昭和大恐慌
1931		満州事変
1932		5・15事件
1933	中小商工業者による反産運動（いわゆる「商権擁護運動」）が展開される．	日本が国際連盟を脱退する． 昭和三陸地震・大津波
1934	反反産運動が始まる． （1930年代，社会運動への弾圧により，多くの消費組合が消滅する．） （1930年代後半，市街地購買組合が事業高を大幅に増加させる．）	
1936		2・26事件
1937		日中戦争
1938	日本消費組合連盟が解散に追い込まれる． 国民健康保険法が制定され，医療施設を持つ産業組合は保健組合の代行が可能になる．	国家総動員法が制定される．
1940	東京学生消費組合が解散を命じられる． 産業組合中央会がICAを脱退する． 日本の占領地の協同組合の協議の場として「東亜協同組合連絡協議会」が設けられる．	
1941		太平洋戦争開戦
1942	日本の占領地の協同組合の代表者を招いて「大東亜協同組合懇談会」が東京で開催される．	食糧管理法が制定される．
1943	農業団体法が制定され，農村の産業組合の大部分は産業組合法の対象外となり，以後，農会などの農村団体との合併が進む．	

協同組合略年表（日本以外）

	協同組合に関連する出来事	社会経済の一般情勢
1922		イタリアでファシズムが広まり，ムッソリーニ政権が誕生する．
1923	最初の「国際協同組合デー」（毎年7月第1土曜日）が祝われる． （1920〜1930年代，北欧で生協が広まる）	
1925	イタリアで協同組合運動の中核を担っていたレーガ（全国協同組合連盟）がファシスト政権により解散させられる．	イタリアが一党独裁体制となる．以後，ファシズムが他国に波及する．
1926	イタリアでファシスト全国協同組合同盟が結成され，協同組合がファシズム体制に取り込まれる．以後「ファシスト協同組合」と呼ばれる組合が急増する．	
1929		世界大恐慌
1933	ドイツでナチスが消費者協同組合中央連盟を解散させ，ドイツ消費組合帝国連合を設立する．	ドイツでヒトラー政権が誕生する．
1939		第2次世界大戦（〜1945年）

協同組合略年表（日本）

	協同組合に関連する出来事	社会経済の一般情勢
1945	日本協同組合同盟（会長：賀川豊彦）が成される． （食糧を調達する協同組合が多数設立されるが短期間のうちに消滅する．）	第2次世界大戦が終結する． 農地解放指令 労働組合法が制定される．
1946		日本国憲法が公布される．
1947	農業協同組合法が制定される．	
1948	水産業協同組合法が制定される． 消費生活協同組合法が制定され，同時に産業組合法が廃止される． 北海道共済農業協同組合連合会が設立され，協同組合初の共済制度が開始される．	
1949	中小企業等協同組合法が制定される．	労働組合「総評」が結成される．
1950	全国共済農業協同組合連合会が設立される． 水産業協同組合共済会制度が創設される． 労働金庫である「岡山県勤労者信用組合」と「兵庫県勤労信用組合」が，中小企業等協同組合法に基づき設立される．	
1951	全国共済農業協同組合連合会が設立される． 全国水産業協同組合共済会（全水共）が設立される． 日本生活協同組合連合会が設立される． 森林組合を規定する「改正森林法」が施行される．	サンフランシスコ平和条約の調印が行われる．
1952	全国指導農業協同組合連合会と日本生活協同組合連合会がICAに加盟する．	
1953	労働金庫法が制定される．	
1954	全大阪労働者共済生協が設立される．	神武景気（～1957年）
1955		新潟大火
1956	全国共済生活協同組合連合会が設立される． 鶴岡生協で家庭班が組織される（1960年代に全国的に注目される）．	日本が国際連合に加盟する．
1957	全国労働者共済生活協同組合連合会が設立される．	
1958		岩戸景気（～1961年）
1959		伊勢湾台風
1960	賀川豊彦が没する． 一部の購買生協でスーパーマーケット型の店舗展開が始まる． 日本生活協同組合連合会が添加物を使用しない「生協バター」をプライベートブランド第1号と	60年安保闘争

協同組合略年表（日本以外）		
	協同組合に関連する出来事	社会経済の一般情勢
1945	イタリアでファシスト政権の崩壊に伴い，協同組合運動を担う3つの全国組織が結成される．	国際連合が設立される．
1950	（1950年代，欧州の生協が経営危機に直面する．）	朝鮮戦争
1956	スペインでモンドラゴン協同組合企業体が誕生する．	
1957	ユーロ・コープ（欧州消費者協同組合コミュニティ）が設立される．	
1958		欧州経済共同体（EEC）が発足する（1967年にECとなる）．
1960	ICA第21回大会でボノー会長が『変容する世界の協同組合』（ボノー報告）で，協同組合の構造改革を提起する．	
	（1960年代，欧州の農協で合併と事業拡大が進め	

協同組合略年表（日本）

	協同組合に関連する出来事	社会経済の一般情勢
1961	して開発する． （1960年代，高度成長の波に乗って，購買生協，農協，漁協が急成長する．ただし，一部の購買生協は1960年代末，事業急拡大の結果経営難に陥る．）	農業基本法が制定される．
1964	日本生活協同組合連合会が班組織方針を採択する．	新潟地震
1965	（新潟地震の後，共済生協が急速に発展する．）	東京オリンピック いざなぎ景気（～1970年）
1968	購買生協で共同購入方式が始まる．	全国で学園闘争が起きる．
1970	（1970年代，購買生協の事業が「班別共同購入」の定着により飛躍的に発展する．）	
1972		沖縄がアメリカから返還される．
1973		第1次石油危機 円が変動為替相場制に移行する．
1974	購買生協で「インフレ・物価つり上げ反対，品不足をやめさせる集会」が開催される．	
1978		第2次石油危機
1981	北海道の道央市民生協で「コープ定期便」開始（「個配」の始まり）	
1983	全水共が全国共済水産業協同組合連合会（共水連）に改組される．	
1986	中高年雇用福祉事業団全国協議会が日本労働者協同組合連合会に発展的改組する．	雇用機会均等法が制定される．
1989		バブル景気（～1991年） 消費税が導入される． 株価が急落する（バブルの崩壊）． 1989年の合計特殊出生率が過去最低（1.57）と判明する．

協同組合略年表（日本以外）

	協同組合に関連する出来事	社会経済の一般情勢
	られる．)	
1965		アメリカが北ベトナムの爆撃を開始する．
1966	ICA 第 23 回大会で協同組合原則が改訂され，「協同組合間協同」が新たな原則として追加される．	
1970	インターコープ（消費者協同組合流通取引国際機構）が設立される．	
1971		ニクソン大統領がドルと金の交換停止を宣言する．
1972		主要国で変動為替相場制への移行が進む（〜1973 年）．
1973	ドイツとオランダで生協の倒産や株式会社化が相次ぐ．	
1975		ベトナム戦争終結
1980	ICA 第 27 回大会で A.F. レイドロー『西暦 2000 年における協同組合』が採択される．	
1985	フランスで主要な生協が連鎖的に倒産する．	プラザ合意

協同組合略年表（日本）

	協同組合に関連する出来事	社会経済の一般情勢
1992	社団法人日本共済協会が設立される．ICA 第30回大会が東京で開催され，『変化する世界における協同組合の価値』（レイドロー報告改め、ベーク報告）が採択される．	
1995	農協系金融機関も融資をしていた「住宅金融専門会社」（住専）の不良債権問題で，公的負担を伴う処理方策が閣議決定される．	阪神・淡路大震災
1996	農協法が改正され，理事の選任や業務の基本方針・重要事項の決定を行う経営管理委員会制度が導入される．	
1997	農協で組合員・役職員共通の理念として「JA綱領」が制定される．	
1999	生協でガバナンス改革の一環として「機関運営ガイドライン」が策定される．	
2000	生協でインターネット受注システム（e フレンズ）の利用が始まる．	
2001		日本国内でBSE感染牛が確認される．
2002	日本労働者協同組合連合会が協同労働の協同組合の新原則を定める．	戦後最長の景気拡大（かげろう景気，～2007年）
2004	農協法が改正され，共済事業の規制が強化される．	新潟県中越地震
2005	保険業法が改正され，根拠法のない共済制度が規制対象となる．	
2006	中小企業等協同組合法が改正され，運営制度の全面見直しと共済事業の規制強化が行われる．	
2007	生協法が改正され，理事の責任と権限を明確にするなどガバナンスの強化や，共済事業の規制強化，購買事業の県域規制の緩和などが行われる．「CO-OP牛肉コロッケ」に製造元が豚肉等を混	

協同組合略年表（日本以外）

	協同組合に関連する出来事	社会経済の一般情勢
1991	イタリアで「社会的協同組合法」が制定される．	湾岸戦争 ソビエト連邦が消滅し，ロシア連邦などの独立国家に分離．
	（1990年代以降，欧州の多くの大規模生協で事業統合・事業提携が行われる．） （1990年代，欧州の協同組合を中心に，ガバナンスが活発に議論される．）	
1995	ICA100周年記念大会で「協同組合のアイデンティティに関するICA声明」が採択される．	
1997	イギリスでCWS（生協事業連合会）とCRS（協同組合小売サービス）非食品部門が投資会社による乗っ取りのターゲットになる．	
1999	ICAが国連食糧農業機関と覚書を締結し，農業協同組合の発展に向けて協力することを約束する．	欧州で統一通貨ユーロが導入される．
2000	イギリスのCWSとCRSが合併し，CG（コーペラティブ・グループ）になる． ICAが「男女平等の促進に向けた戦略」を定める．	
2001	ICAが国連人間居住センターと覚書を締結し，協同組合（特に住宅協同組合）が持続可能な住居に貢献するよう促すことを約束する． 国連が協同組合の発展しやすい環境づくりを目的としたガイドラインを定める．	アメリカで同時多発テロ事件が発生する．
2002	ILOが協同組合の重要性を訴える「193号勧告」を発表する．	
2004	ICAが「HIV撲滅に向けた戦略」を定める． ICAがILOと覚書を締結し，働きがいのある人間らしい仕事の創生と貧困の低減を目的として「協同組合の共通課題」を制定する．	
2007	イギリスでCGがユナイテッド生協（ロッチデール公正先駆者組合に由来する大手生協）と合併する．	

協同組合略年表（日本）

	協同組合に関連する出来事	社会経済の一般情勢
2008	入させていたことが発覚する（ミートホープ事件）． 日本生活協同組合連合会は，餃子による中毒事故発生を受けて，品質保証再構築計画を策定する．	リーマンブラザーズの破綻をきっかけに金融危機が起こる．
2009		民主党政権が誕生する． 新型インフルエンザが流行する．
2010	日本医療福祉生活協同組合連合会が設立される．	
2011		東日本大震災
2012	国際協同組合年	

協同組合略年表（日本以外）

	協同組合に関連する出来事	社会経済の一般情勢
2008		リーマンブラザーズの破綻をきっかけに世界規模の金融危機が起こる.
2009	国連総会で，2012年を国際協同組合年とすることが決定される.	
2012	国際協同組合年	

ICA 加盟団体

【日本】
全国農業協同組合中央会（JA 全中）
全国農業協同組合連合会（JA 全農）
全国共済農業協同組合連合会（JA 共済連）
農林中央金庫
社団法人家の光協会
株式会社日本農業新聞
日本生活協同組合連合会（日本生協連）
全国漁業協同組合連合会（JF 全漁連）
全国森林組合連合会（全森連）
全国労働者共済生活協同組合連合会（全労済）
日本労働者協同組合連合会（日本労協連）
全国大学生活協同組合連合会（全国大学生協連）
社団法人全国労働金庫協会
日本医療福祉生活協同組合連合会

【世界】

地　　域	国　　数	団体数
アフリカ	15 カ国	23 団体
南北アメリカ	22 カ国	82 団体
アジア・太平洋	25 カ国	76 団体
ヨーロッパ	34 カ国	82 団体
	96 カ国	263 団体

（注）団体数は正会員と准会員の合計.

アフリカ
　ウガンダ，エジプト，ガーナ，カーボヴェルデ，ケニア，セネガル，タンザニア，ナイジェリア，ナミビア，ボツワナ，南アフリカ，モーリシャス，モロッコ，ルワンダ，レソト
南北アメリカ
　アメリカ，アルゼンチン，ウルグアイ，エクアドル，エルサルバドル，カナダ，グアテマラ，コスタリカ，コロンビア，ジャマイカ，チリ，ドミニカ，ハイチ，パナ

マ, パラグアイ, プエルトリコ, ブラジル, ベネズエラ, ペルー, ボリビア, ホンジュラス, メキシコ

アジア・太平洋
　アラブ首長国連邦, イスラエル, イラン, インド, インドネシア, オーストラリア, カザフスタン, 韓国, クウェート, シンガポール, スリランカ, タイ, タジキスタン, 中国, 日本, ニュージーランド, ネパール, パキスタン, バングラデシュ, フィジー, フィリピン, ベトナム, マレーシア, ミャンマー, モンゴル

ヨーロッパ
　アイルランド, イギリス, イタリア, ウクライナ, エストニア, オーストリア, オランダ, キプロス, クロアチア, グルジア, スウェーデン, スペイン, スロバキア, スロベニア, セルビア, チェコ, デンマーク, ドイツ, トルコ, ノルウェー, ハンガリー, フィンランド, フランス, ブルガリア, ベラルーシ, ベルギー, ポーランド, ポルトガル, マルタ, モルドバ, ラトビア, リトアニア, ルーマニア, ロシア

＊国際機関除く
＊2012.2.20現在（ICA HPより作成）

ICA 原則

1. 1937年原則

協同組合についてのロッチデール原則 1937

1. 開かれた組合員制度
2. 民主的な管理（1人1票）
3. 取引量に比例した，組合員への剰余金の分配
4. 出資に対する利子制限
5. 政治的，宗教的な中立
6. 現金取引
7. 教育の促進

この他のロッチデールのシステムにおける特徴についても確認されたが，原則には盛り込まれなかった．これらには以下が含まれる．

8. 取り引きは組合員とだけ行うこと
9. 組合員になるのは自発的であること
10. 販売はその時々の市場価格で行うこと

(出典："Co-operative Principles and Values-Revisions" http://www.ica.coop/coop/principles-revisions.html)

2. 1966年原則

決議

ICA第23回大会は，協同組合原則についての委員会による報告が，第22回大会の決議でもとめられた内容を満たすものであることを歓迎する．

大会は，力点や程度に関しては意見の相違があり得るが，報告が現在の状況における協同組合の原則について重要な声明となっていることを認める．

大会は，この原則委員会によってなされた以下の勧告と結論を承認する．

1. 協同組合の組合員になることは自発的でなければならないし，そのサービスを利

用することが可能で，組合員としての責任を負うことに同意したあらゆる人々が，人為的な制限や社会的・政治的あるいは宗教的な差別なく，加入できるものでなくてはならない．

2. 協同組合は民主的な組織である．その業務は，選挙によって選ばれるか，組合員が同意し，組合員に責任をもつことを条件に任命された人々によって運営されるべきである．単位協同組合の組合員は，平等な投票権（1組合員1票）をもち，自分たちの組合を動かす決定に参加する．単位協同組合以外の組織においては，それに適合した形での民主的なやり方に基づいて，運営がなされるべきである．

3. 出資金に対しては，利子をつけるとしても，厳密に制限された利率で利子を支払うべきである．

4. 組合の事業活動によって生じた剰余金や貯えがある場合，それはその組合の組合員のものであり，ある者が別の者を犠牲にして利益を得るようなことがないように，分配されなければならない．組合員の決定により，それは以下のような方法で行うことができる．
   a) 協同組合の事業を発展させるための準備金にあてる．
   b) 全員にサービスを提供するための準備金にあてる．あるいは，
   c) 組合員のあいだで，その協同組合との取引量に比例して分配する．

5. すべての協同組合は，自分たちの組合員，役員，従業員と一般の人々に対して，協同組合の原則と運営について経済的な側面と民主的な側面の両面から教育を行うための準備金を設けなければならない．

これらに加えて，協同組合間で相互に助けあって協同する原則を付け加えることが重要であるとわれわれは判断した．すなわち，

6. すべての協同組合組織は，その組合員とコミュニティの利益に最大限の貢献をするために，地域レベル，全国レベル，そして国際レベルで，実現可能なあらゆる方法を駆使して，他の協同組合と協同すべきである．

大会は，ウィーンにおける第23回大会でのICA協同組合原則委員会の報告についての大会決議や，ICAの諸規約を改定するという勧告によって生じる影響は，次の大会で検討することが必要となるであろうという中央委員会と執行部の考えを承認する．

（出典：*Report of the ICA Commission on Co-operative Principles*, 1966.）

3. 1995年原則

協同組合のアイデンティティについての声明

定義
協同組合とは，共同で所有して民主的に管理された事業体を通じて，自分たち全員の経済的，社会的，文化的なニーズと願いを満たすために，人々が自発的に団結した自治のアソシエーションである．

価値
協同組合は，自助，自己責任，民主主義，平等，そして連帯という価値に基礎づけられた組織である．創始者たちの伝統を受け継ぎ，協同組合のメンバーは誠実であり，偏見をもたず，社会的な責任を重視し，他者への思いやりをもつという倫理的な価値観を信条とする．

原則
協同組合原則は，協同組合がその価値を実践するためのガイドラインとなるものである．

第1原則：自発的で開かれた組合員制度
協同組合は自発的な組織であり，そのサービスを利用することが可能で，組合員になることによる責任を負うことに同意するすべての人々に対して，性的，社会的，人種的，政治的，宗教的な差別をすることなく，開かれている．

第2原則：組合員による民主的な管理
協同組合は，その組合員によって管理される民主的な組織であり 組合員は方針を立て，決定を下すことに積極的に参加する．代表者に選出された男女は，組合員に対する責任を負う．単位協同組合においては，組合員は平等な投票権を持ち（1組合員1票），他のレベルの協同組合も民主的な方法で組織される．

第3原則：経済面での組合員の参加
組合員は自分たちの協同組合の資本に対して公平に出資し，それを民主的に管理する．その資本のすくなくとも一部分は，通常，その協同組合における共有の財産である．組合員が組合員になるために支払った出資金に対して受け取る利子は，たとえあったとしても，通常，制限された額となる．組合員は，剰余金を次にあげる目的のいずれか，あるいはそのすべてに割り当てる．すなわち，少なくともその一部は個人に分割することができないような準備金を積み立て，自分たちの協同組合が発展できる

ようにする．または，組合員に対して，その組合員の協同組合との取引量に比例して，利益を分配する．あるいは，組合員によって承認された他の活動を支援する．

第4原則：自治と独立
協同組合は，組合員によって管理される自治の自助組織である．協同組合が政府を含む他の組織と取り決めをしたり，外部から資金を調達したりする場合は，組合員による民主的管理が保証され，協同組合の自治が維持できることが条件となる．

第5原則：教育，研修，情報
協同組合は，その組合員，選出された代表者，経営陣，そして従業員に対して，彼らが自分たちの協同組合の発展に大きな貢献ができるように，教育と研修を行う．そして一般の人々，とくに若者やオピニオンリーダーに対して，協同することの意味やそれがもたらす利益について，情報を提供する．

第6原則：協同組合間協同
協同組合は，地元の組織，全国組織，広域組織，そして世界的な組織を通じて協同して活動することにより，自分たちの組合員に最大限の貢献をするとともに，協同組合運動を強固なものとする．

第7原則：コミュニティへの関与
協同組合は，その組合員によって承認された方策をとって，コミュニティの持続的な発展のために活動する．

(出典：Statement on the Co-operative Identity, 1995)
(杉本貴志訳)

索引

［欧文］

CRS（協同組合小売サービス）　144
CSA（コミュニティ・サポート農業）　154
CWS（協同卸売組合）　27, 28, 39, 40, 42, 44-47, 49, 50, 144, 163
ICA（国際協同組合同盟）　6, 26, 38-65, 74, 93, 95, 104, 177-179, 182, 188
　　──原則　44, 52, 64, 79, 224
　　──声明　59, 64, 178, 179
ICY（国際協同組合年）　34

［あ行］

アリスメンディアリエタ，ホセ・マリア　190-193, 198
イギリス協同組合連合会（Co‑operative Union）　40, 42, 47
員外利用規制　98
ウルゴール（工業協同組合）　191
エネルギー協同組合　149
オウエン，ロバート　10, 15, 23
オウエン派（オウエン主義者）　14-17, 22, 24, 34, 88, 89, 104, 184
大阪共立商店　90

［か行］

賀川豊彦　93, 96, 120-133
学生消費組合　93
関東消費組合連盟　93
協同卸売組合　⇒ CWS
協同会社　112, 113
協同組合の定義・価値・原則　62, 63, 178-180, 182, 188
協同組合間協同　59, 103, 113
協同組合銀行　27, 43, 145, 164, 170
協同組合原則　6, 18, 31, 44, 52, 53, 56, 60, 65, 106, 152, 179
　　1937年の──（ロッチデール原則）　18, 19, 53
　　1966年の──　59-62, 64, 102
　　1995年の──　31, 59, 64, 106, 178
協同組合大会　26, 38, 40, 41, 43, 46, 48, 49, 183
協同組合保険構想　130
協同党　23, 28
共立商社　90
キング，ウィリアム　17
グリーニング　38, 40, 43, 44, 46, 48, 49
経営管理委員会　106
県境規制　98, 112
神戸商議社共立商店　90
国際協同組合デー　50, 53, 54, 56-58
国際協同組合同盟　⇒ ICA
国際協同組合年　⇒ ICY
個配　107, 110

［さ行］

産業組合　91, 92, 94, 95, 99, 127
　　──法　91, 92, 97, 120, 127, 130
　　──中央会　53, 95
産業節約組合法　162
産直　102, 103, 156
市街地購買組合　93
シチズンシップ　74-84, 174, 177, 178, 180, 186, 197
市民生協　103
社会的協同組合　147, 171
　　──法　147
シュルツェ‑デーリッチ　91, 164
消費組合　91-94, 126, 131
女性協同組合ギルド　28
商権擁護運動　92

信用組合（クレジット・ユニオン） 74, 91, 92, 117, 126, 145, 152, 155, 156
ステークホルダー協同組合論 32
スミス，アダム 6, 8
性格形成論 13
生活協同組合便覧 100
セン，アマルティア 177, 185, 194, 196-198, 202
全米協同組合事業協会（NCBA） 153
総合農協 103

[た行]

大東亜協同組合構想 95
鶴岡生協 101
トインビー，アーノルド 183
同益社 90

[な行]

中郷質庫信用組合 126
日本協同組合同盟 96-99, 130
日本消費組合連盟 93
ニュー・ラナーク工場 11-13
ニュー・ハーモニー協同組合 14
ニール 40, 42, 43, 46, 184

[は行]

バークレー生協 153
バイイング・クラブ 154
馬場武義 90

「班」組織 100
ヒューマン・ガバナンス（人間的統治） 79, 80, 82, 84, 174, 176, 178, 179, 186
平田東助 91
フーリエ，シャルル 146
フェアトレード 115, 150, 157
ベーク報告 59, 61-64
ホリヨーク 38, 40, 43, 44, 184, 185
ポッター，ベアトリス 147

[ま行]

マイクロクレジット 155, 156
マクファーソン，イアン 152
ミル，ジョン・スチュアート 89
モンドラゴン協同組合 63, 71-73, 85, 105, 118, 147, 171, 190-192, 198

[や・ら・わ行]

友愛組合 15, 159, 160, 162
ライファイゼン 91, 126, 145
　——銀行 145
　——生命保険銀行相互組合 164
　——損害保険相互組合 164
レイドロー報告 31, 58-65, 74, 104
労働アソシエーション 38, 42, 44, 47, 49, 184
労働者協同組合 105, 146, 151, 191
ロッチデール公正先駆者組合 6, 16-25, 28, 50, 52, 71, 101, 144, 176
ロッチデール原則 18, 19, 28, 48, 52, 53

執筆者紹介（章順）

杉本貴志（第1章，第3章，第5章第2節）関西大学商学部教授
中川雄一郎（第2章，第6章）明治大学政治経済学部教授
秋葉　武（第4章，第5章第3節）立命館大学産業社会学部准教授
大高研道（第5章第1節）聖学院大学政治経済学部教授
山本　進（第5章第4節）全労済協会主任研究員

協同組合を学ぶ

2012年5月25日　第1刷発行
2019年2月20日　第4刷発行

定価（本体1900円＋税）

編　者　　中　川　雄一郎
　　　　　杉　本　貴　志

監修者　　全　労　済　協　会

発行者　　柿　﨑　　　均

発行所　　株式会社　日本経済評論社
〒101-0051　東京都千代田区神田駿河台1-7-7
電話 03-5577-7286／FAX 03-5577-2803
E-mail: info8188@nikkeihyo.co.jp
振替 00130-3-157198

装丁＊渡辺美知子　　太平印刷社／根本製本

落丁本・乱丁本はお取替いたします　Printed in Japan
Ⓒ Y. Nakagawa and T. Sugimoto et al. 2012
ISBN978-4-8188-2214-6

・本書の複製権・翻訳権・上映権・譲渡権・公衆送信権（送信可能化権を含む）は，㈳日本経済評論社が保有します．
・JCOPY 〈（一社）出版者著作権管理機構　委託出版物〉
本書の無断複写は著作権法上での例外を除き禁じられています．複写される場合は，そのつど事前に，（一社）出版者著作権管理機構（電話 03-5244-5088, FAX 03-5244-5089, e-mail : info@jcopy.or.jp）の許諾を得てください．

格差社会への対抗―新・協同組合論―
　　　　　　　　　　　　杉本貴志編／全労済協会監修　本体2100円

協同組合　未来への選択
　　　　　　　　　中川雄一郎・杉本貴志編／全労済協会監修　本体2200円

協同組合のコモン・センス
　　―歴史と理念とアイデンティティ―
　　　　　　　　　　　　　　　　　中川雄一郎著　本体2800円

明日の協同を担うのは誰か―基礎からの協同組合論―
　　　　　　　　　　　　　　　　　佐藤信著　本体3000円

欧州の協同組合銀行
　　　　　　　　　　　　斉藤由理子・重頭ユカリ著　本体3600円

反トラスト法と協同組合
　　―日米の適用除外立法の根拠と範囲―
　　　　　　　　　　　　　　　　　高瀬雅男著　本体3100円

シチズンシップ―自治・権利・責任・参加―
　　　　　　　　　　　K. フォークス著／中川雄一郎訳　本体3200円

非営利・協同システムの展開
　　　　　　　　中川雄一郎・柳沢敏勝・内山哲朗編著　本体3400円

21世紀の協同組合原則
　　―ICA アイデンティティ声明と宣言―
　　　　　　　　　ICA 編／日本協同組合学会訳編　本体1400円

日本経済評論社